MUDE!

Como ajustar seu ponto de vista e tirar o melhor de todas as situações

michael heppell

MUDE!

**Como ajustar seu ponto de vista e tirar
o melhor de todas as situações**

INTEGRARE
EDITORA

Título original: *Flip it! - How to get the best out of everything*

Edição original em inglês: Copyright © Hadrian Holdings 2009.
"This translation of FLIP IT – HOW TO GET THE BEST OUT OF EVERYTHING 01 Edition is published by arrangement with Pearson Education Limited."

Edição em língua portuguesa para o Brasil: copyright © 2011 by Integrare Editora.

Todos os direitos reservados, incluindo o de reprodução sob quaisquer meios, que não pode ser realizada sem autorização por escrito da editora, exceto em caso de trechos breves citados em resenhas literárias.

Publisher
Maurício Machado

Supervisora editorial
Luciana M. Tiba

Coordenação e produção editorial
Estúdio Sabiá

Tradução
Luís Fragoso

Preparação de texto
Sílvia Carvalho de Almeida

Revisão
Ceci Meira
Valéria Sanalios
Hebe Ester Lucas

Projeto gráfico de capa e de miolo / Diagramação
Nobreart Comunicação

Dados Internacionais de Catalogação na Publicação (CIP)
(Câmara Brasileira do Livro, SP, Brasil)

Heppell, Michael
 Mude! : como ajustar seu ponto de vista e tirar o melhor de todas as situações / Michael Heppell ; [tradução Luís Fragoso].
 -- São Paulo : Integrare Editora, 2011.
 Título original: Flip it : how to get the best out of everything.
 ISBN 978-85-99362-64-8

 1. Autoajuda - Técnicas 2. Autoconfiança 3. Autoestima 4. Mudança de vida 5. Otimismo 6. Sucesso - Aspectos psicológicos I. Título.

11-01185   CDD-158.1

Índices para catálogo sistemático:
1. Transformação pessoal : Psicologia aplicada 158.1

Todos os direitos reservados à
INTEGRARE EDITORA E LIVRARIA LTDA.
Rua Tabapuã, 1123, 7º andar, conj. 71-74
CEP 04533-014 – São Paulo – SP – Brasil
Tel. (55) (11) 3562-8590
Visite nosso site: www.integrareeditora.com.br

Para Bill Heppell,
um dos primeiros a adotar o estilo *mude* de pensar.

Sumário

Introdução 8

Capítulo 1
Deparando com o estilo *mude* 12

Capítulo 2
Mudar em relação à autoconfiança e à felicidade 30

Capítulo 3
Mudar em relação aos amigos, aos relacionamentos
amorosos e à família 50

Capítulo 4
Mudar em relação à saúde 78

Capítulo 5
Mudar em relação ao dinheiro 100

Capítulo 6
Mudar para alcançar o sucesso 114

Capítulo 7
Mudar em relação à criatividade 138

Capítulo 8
Mudar no ambiente de trabalho e nos negócios 154

Capítulo 9
Mudar para ter um futuro fantástico 182

Capítulo 10
Mudar em relação a todos os demais aspectos 198

Capítulo final 212
Agradecimentos 218

Introdução

Passei os últimos quinze anos analisando o que podemos fazer para tirar o máximo proveito de toda e qualquer situação. Consegui condensar a essência de todo esse aprendizado, destilando-a neste livro aparentemente simples mas poderoso: *Mude!*

Será provavelmente o livro mais fácil que você terá lido. Todas as ideias, técnicas e métodos podem se aplicar a qualquer pessoa, de qualquer formação, em qualquer situação, a qualquer momento: as inúmeras histórias inspiradoras aqui relatadas lhe mostrarão o que essas pessoas conseguiram.

Mude! apresenta um modo diferente para melhor pensar e agir. Quando usado corretamente, conduzirá você a níveis mais elevados de felicidade, autoconfiança, criatividade e sucesso. Em outras palavras, com *Mude!*, tudo pode melhorar em sua vida:

Lendo este livro, você se tornará uma pessoa melhor.

Ao colocar em prática os conceitos que mais apreciar em *Mude!*, você se tornará uma pessoa incrível!

Pense de modo diferente

Mude! está dividido em várias seções, cada qual abordando uma área da vida – trabalho, saúde, família, sucesso, criatividade etc. Mas não se engane pensando que alguns capítulos lhe serão mais apropriados do que outros. Sua primeira lição começa agora mesmo, ao "pensar de modo diferente". É geralmente tentador, ao se deparar com o título de um capítulo, imediatamente fazer um julgamento sobre seu conteúdo, perguntando-se se de fato se aplica a você. Quantas oportunidades maravilhosas não lhe terão escapado por causa desse modo de pensar?

Chegou a hora da mudança.

À medida que você avança na leitura dos capítulos, talvez se pegue pensando: "Não faço isso" ou "Não tenho essa prática em minha vida". Se for esse o caso, mude, pense de modo diferente ao perguntar-se: "De que modo posso me adaptar e aplicar essa técnica em minha vida hoje mesmo?". Ao realizar essa pequena mudança, você encontrará uma pérola em cada página.

Sinta-se livre para mergulhar em *Mude!*, e lendo-o na ordem que preferir. Rapidamente você aprenderá a obter o que há de melhor em cada seção. O passo seguinte é passar do conhecimento à ação. É excelente compreender o estilo *mude* no plano intelectual, mas o verdadeiro benefício será alcançado por meio do uso das técnicas aqui apresentadas em situações reais do cotidiano.

O segredo não está no **conhecimento**, e sim na **ação**.

Portanto, comece a agir. E, assim que aprender a lidar com uma ferramenta do estilo *mude*, teste-a imediatamente. Você ficará impressionado com os resultados e, muito em breve, aprenderá a tirar o que há de melhor em cada situação.

Dica de mudança
Você só se arrepende das coisas que não fez. Portanto, faça.

1

Deparando com o estilo *mude*

O estilo *mude* de pensar está em toda a parte. Há momentos em que ele ocorre sem que você perceba. Há outras situações em que ele não se manifesta, mas provavelmente deveria.
No início deste livro, aparece o símbolo acima, ao lado.

O que ele significa para você?
Algumas pessoas enxergam a nuvem e, de imediato, pensam que o tempo estará completamente nublado e com probabilidade de chuva. Outros acham que estará nublado, com chances de o sol aparecer. Outros ainda apostam que o dia será de sol, mas parcialmente nublado. Por fim, haverá os excessivamente otimistas, que só enxergam o sol, ignorando completamente a nuvem.

Que tipo de pessoa você é?
Com *Mude!*, quero que você comece a duvidar da maneira como pensa nas coisas que vê e acredita, e passe a pensar com um objetivo pontual: tirar o melhor de cada situação.

Comecemos com uma simples técnica do estilo *mude* e, então, à medida que progredirmos, apresentaremos novas ferramentas e técnicas em seus vários níveis de complexidade.

O poder das perguntas

Uma das ferramentas mais eficazes do estilo *mude* é o poder do questionamento inteligente. As perguntas corretas são capazes de reverter qualquer situação negativa. A grande dúvida é: que tipo de pergunta você deve fazer?

Por quê *versus* Como

Para ler o texto abaixo, capriche na entonação de apresentador de lutas de box:

> Senhoras e senhores, bem-vindos à grande luta.
> No canto direito do ringue, pesando incríveis 90 kg, a expressão mais ponderada e analisada do vocabulário de qualquer falante. O príncipe da misericórdia, o pai da infelicidade, o padroeiro da tristeza, o incontestável campeão do questionamento negativo: "POR QUÊ".
> E, no canto esquerdo, pesando meros 63 kg, o herói da esperança, o campeão do diálogo, o segredo por trás das soluções. Ele é rápido, ele é excêntrico e sente prazer em flertar com situações novas: "COMO".

Vale ou não a pena assistir a essa luta?

Por quê normalmente está associado ao lado negativo. Por que eu? Por que agora? Por que eu deveria? *Como*, por sua vez, está normalmente associado à solução. Como posso fazer? Como faço? Como devemos fazer?

Um exemplo clássico de "Por quê" *versus* "Como"

Você está agitado. Tem apenas alguns minutos para chegar a uma reunião importante e, claro, você se perdeu no caminho. Em um momento de pânico total, acaba enredado numa série de perguntas do estilo *Por quê*: Por que sempre me perco? Por que isso sempre acontece comigo? Por que justo hoje? Quanto mais você pergunta *Por quê*, mais o seu brilhante cérebro – com habilidade infinita de fabricação de respostas – será capaz de apresentar, no mínimo, dez razões para isso.

Agora vamos *mudar*, passando a perguntar *Como?* Como fui parar aqui? Como posso chegar rapidamente ao lugar em que deveria estar agora? Como posso explicar essa minha situação às pessoas que estarão na reunião? Como posso me manter calmo?

Repare que não se trata de uma atitude frágil e positiva, típica do complexo Poliana: "Oba, me perdi, deve ter sido por causa da energia da Terra, portanto devo encarar positivamente a situação". Não. Trata-se de um modo poderoso de pensar, para momentos em que é preciso tomar decisões rápidas e racionais, e então agir a partir delas.

Por que me preocupo tanto? Quantas vezes ficamos matutando sobre essa questão clássica? Na verdade, perguntar-se *Por quê* em demasia é normalmente um dos fatores que mais contribuem para a preocupação. E isso raramente ajuda a diminuí-la. Por que não posso? Por que as pessoas fazem isso? Por que sempre eu?

Portanto, *mude*. Passe a perguntar *Como?*

Como posso fazer isso? Como mudar a maneira de as pessoas pensarem? Como impedir que isso aconteça novamente comigo?

Não é incrível que o simples fato de ler as perguntas *Como* faz você se sentir melhor? Bem-vindo ao mundo de *Mude!*

Dica de mudança

Você pode fazer as perguntas *Como* funcionarem ainda melhor usando um pouco de ginástica facial. Ao fazer uma pergunta *Como*, certifique-se de que está olhando para cima. Se possível, acrescente um sorriso, erguendo as sobrancelhas. Assim, o *Como* torna-se mais intenso e seu cérebro passa a trabalhar mais rapidamente para encontrar uma solução.

O cérebro não é maravilhoso? Ele contém 100 bilhões de neurônios e é capaz de lidar com trilhões de pensamentos. Contudo, a maior parte desses neurônios está simplesmente parada, girando os polegares à espera de algo para fazer. Então, por que não ocupar o cérebro dando a ele um pouco de trabalho?

Criando o hábito de fazer perguntas, em vez de encarar as situações como um fato consumado, você dá poderes ao velho cérebro. Veja alguns exemplos de situações que podem ser transformadas em perguntas a fim de obter melhores resultados.

Não tenho tempo　　**Mude!**　　O que fazer para encontrar tempo?

Isso é entediante	**Mude!**	Como tornar isso uma coisa mais prazerosa?
Não sei	**Mude!**	Conheço alguém que possa saber?

Ao usar o seu cérebro brilhante dessa maneira, você não apenas obterá melhores resultados para as coisas que tem em mente nesse momento, como também passará a exercitar áreas adormecidas desse órgão. Com isso, será capaz de ativar as redes neurais do cérebro e, no futuro, poderá usar essas áreas sem esforço.

O poder da linguagem positiva

É muito comum as pessoas me rotularem como adepto do "pensamento positivo". Não há nada de errado nisso, mas o pensamento positivo é, em geral, ao mesmo tempo bom e ineficaz. O que gosto de fazer é mudar e incorporar a ação positiva em tal mudança.

Uma rápida pergunta para seu cérebro curioso e recém-desperto: qual é sua atitude mais comum?

Acredito que a resposta é a escolha de palavras. Seja sua fala externa (aquilo que diz aos outros) ou sua fala interior (o que diz a si mesmo), você está constantemente escolhendo e, portanto, usando palavras para se comunicar.

Certa vez, fiz uma apresentação, seguida da palestra do lorde Melvyn Bragg. A certa altura, mencionei a existência de 600 mil palavras na língua inglesa. Na sequência, lorde Bragg fez elogios à minha apresentação, mas notou que eu estava equivocado em relação ao número de palavras em inglês. Segundo ele, há 1,25 milhão delas!

> **Dica de mudança**
> Em média, o falante tem um vocabulário de aproximadamente 6 mil palavras, o que faz 1,19 milhão de novas palavras (e significados) continuarem sem uso. Tentar empregar duas ou três dessas novas palavras a cada dia levaria mais de mil anos.

Então, que tal adotar o estilo **mude** de pensar em sua própria língua?

Do negativo para o positivo

Esta é uma parte em que adoro usar o estilo *mude*. A ideia é bastante fácil: você simplesmente muda as palavras e as frases, passando do negativo para o positivo. Aqui, são empregadas a criatividade, a perspicácia e a sabedoria. Sem contar que isso pode melhorar muito o seu desempenho nas palavras cruzadas.

Eis alguns exemplos para você começar.

Estou cansado(a)	**Mude!**	Um pouco mais de energia me faria bem
Está frio	**Mude!**	Seria bom se estivesse mais quente
Ele demora uma eternidade	**Mude!**	Ele poderia ser mais rápido(a)
Estou gordo(a)	**Mude!**	Eu poderia ser mais magro(a)

Com mais de um milhão de palavras (e significados) na língua, de que modo você pode *mudar*, optando pelo uso de palavras novas ou mais adequadas?

Hora de fazer uma pausa

Após percorrer estas páginas iniciais, imagino que você se encaixe em uma dessas quatro categorias. Vale a pena gastar um minuto para ver em qual delas você está, e verificar se precisa *mudar* o modo de pensar para tirar o maior proveito deste livro.

Grupo 1: Eu sei

Nada de novo até agora? Excelente! Toda vez que alguém me diz que já sabe, minha resposta é sempre: "Mas como você faz isso?". O segredo não está no conhecimento, e sim na ação.

Não tenha receios do Grupo 1. Há uma grande variedade de ideias e de modos de pensar (alguns deles, novos) que mudarão para sempre a sua maneira de pensar.

Grupo 2: É realmente fácil desse jeito?

Uma pergunta que leva a uma resposta "sim/não". Teoricamente, sim, é fácil, mas você deve testá-la para ver o que funciona melhor em seu caso. E, se parte do que está exposto aqui não funciona para você, essa é uma boa notícia, como veremos adiante.

Grupo 3: Mais, mais, mais!

Seus olhos já estão abertos e seus ouvidos, apurados. Excelente! Meu conselho é: desafie seus próprios limites a cada novo capítulo.

Grupo 4: Hein?

Não se encaixa em nenhuma das categorias anteriores? Perfeito!

Você naturalmente já pensa no estilo *mude!* Continue lendo, pois muito em breve eu lhe trarei uma surpresa.

O que acontece quando se para de inventar desculpas?

> **Dica de mudança**
> O hábito de inventar desculpas faz seu caminho ser mais lento, cria obstáculos à criatividade e à confiança.

Quando você era criança e seu cérebro estava em plena produção, percebeu que, ao inventar uma desculpa por não ter feito algo, simplesmente se livrava daquilo. O problema é que isso ocorria aos 5 anos de idade. Agora, você já é adulto, mas ainda inventa desculpas para justificar o porquê de não ter feito, de não ter conseguido fazer, razões por que não fará, ou uma série infinita de modos de adiar compromissos, tudo para garantir que não precisará enfrentar uma determinada situação.

Se as desculpas são tão destrutivas, por que as usamos? Para saber a resposta, temos de retroceder dois passos.

Encaremos de vez esta situação: muitas vezes, uma desculpa é uma mentira deslavada. "Não pude fazer isso hoje. Tive um dia cheio demais".

Tradução aproximada: "Droga! Passei metade do dia enrolando, quando devia estar fazendo o que era importante. Rápido, pense numa desculpa, mas que seja convincente. Já sei: direi que estava ocupado. Melhor ainda: direi que estava muito ocupado, tentando fazê-los sentir pena de mim".

É possível que você nem soubesse dessas coisas. Isso porque

talvez já estejam enraizadas no subconsciente, de modo que possam ser trazidas à tona numa fração de segundo. Parabéns!

Portanto, se estão "enraizadas", podem ser mudadas? Claro que sim, mas você terá de mudar também. Esse será o seu primeiro desafio. Na próxima vez em que se pegar inventando uma desculpa, *mude* e certifique-se de que sua explicação corresponde à verdade: "Essa é a verdade, a completa verdade, nada mais do que a verdade".

Veja duas situações que mostram como isso pode funcionar.

Um homem vai ao mercado. Sua esposa lhe pede para trazer um produto de lá, mas ele se esquece completamente. Ao chegar e ser questionado por ela, ele provavelmente dirá: "Procurei no mercado inteiro e não encontrei; deve ter acabado".

Que tal *mudar* e dizer "Ah, não! Esqueci completamente. Não tenho desculpa. Vou voltar lá agora mesmo e buscar".

Outra situação. "Como? Não recebeu meu e-mail? Bem, é que tivemos alguns problemas técnicos no sistema, deve ter sido por isso que a mensagem não chegou até você".

Que tal *mudar* e dizer: "Peço mil desculpas, mas ainda não enviei. Você poderia fazer a gentileza de me dar mais uma hora para completar a tarefa?".

Não é melhor assim? Não sei quanto a você, mas comparando as desculpas esfarrapadas com uma boa dose de honestidade, prefiro a última opção.

Duas advertências:

- Não perca seu emprego, amigo ou membro da família ao fazer isso. Antes pecar pelo excesso de cautela do que pela falta.
- Teste seus próprios limites, indo um pouco além do que normalmente iria.

Por que se preocupar?

Ocorre algo verdadeiramente libertador quando se para de inventar desculpas. A necessidade de justificar as ações (ou a falta delas) é significativamente reduzida. As pessoas passam a ver um outro lado seu, e você notará que elas reagem de modo diferente e mais positivo.

O melhor vem a seguir.

> Quando você **elimina as desculpas**, passa a **exterminar as razões** pelas quais **inventa essas desculpas**.

Pare um instante e pense no que direi a seguir.

Certa vez, tive uma chefe divertida (digamos que incomum, mas não tão bem-humorada), para quem e em nome de quem eu vivia inventando desculpas. Como eu não queria deixá-la zangada, não podia dizer a verdade. Eu vivia me metendo em encrencas por causa disso. Então, um dia, num momento em que eu hesitava para falar, ela me olhou diretamente e disse: "A verdade é libertadora".

Essas palavras ficaram ecoando na minha cabeça por alguns momentos. Então, respirei fundo e lhe disse a verdade. Ninguém jamais havia lhe dito nada sobre os problemas que ela criava, e de que modo eles afetavam as pessoas. O clima ficou um pouco pesado, mas assim que as nuvens se dissiparam, ela me agradeceu.

No Capítulo 8, "Mudar no ambiente de trabalho e nos negócios", incluí uma série de ideias para ajudar você nesse tipo de situação.

Deparando com o estilo *mude*

Dica de mudança
A verdade é libertadora.

Deixemos de lado as desculpas esfarrapadas. Partilharei com você agora uma das maneiras mais maravilhosas de usar o estilo *mude* de pensar.

Como ser interessante – no estilo *mude*

Levante a mão quem gosta da ideia de ser visto como uma pessoa interessante. Bem, praticamente todos. Dizem que, se você quiser ser considerada uma pessoa interessante, precisa ler muito, ser inteligente, articulada, charmosa e espirituosa. Bem, antes de endossar tais ideias, leia a história a seguir.

> Um jovem e brilhante psicólogo fez uma pausa em sua rotina normal, passando a fazer o trajeto Los Angeles–Nova York, ida e volta, diariamente, durante um mês (ele provavelmente nunca ouvira falar na TVP, a trombose venosa profunda). Sempre ocupava o assento do meio, entre duas pessoas.
> Logo após a decolagem, ele iniciava uma conversa com um dos dois passageiros. Mas, em vez de *tentar ser* interessante, ele *mudava*, centrando o foco em *estar interessado*. Preocupava-se apenas em fazer perguntas interessantes, deixando a outra pessoa falar.
> No final da viagem, pedia a esses passageiros seu e-mail ou endereço, dizendo que talvez pudesse fazer algo por eles, ou simplesmente para manter contato. Uma semana depois, um pesquisador

abordou todos os passageiros que se sentaram ao lado dele nesse período. Todos se lembravam dele. Todos mencionaram como era agradável estar em sua companhia – embora nenhum dos entrevistados fosse capaz de lembrar se ele era casado, em que área trabalhava ou onde nascera (pois ele não falou sobre nada disso). Contudo, o dado mais incrível da pesquisa foi o fato de que *mais de 70% dos entrevistados o descreveram como uma das pessoas mais interessantes que já encontraram!*

Dica de mudança
Mostrar-se interessado é melhor do que ser interessante, se você quer ser visto como uma pessoa interessante.

É o momento de buscar o equilíbrio

Isso não significa que você jamais terá a oportunidade de recontar aquela história hilária sobre o dia em que tia Clara quase colocou fogo no apartamento onde mora e como você, sozinho, salvou a todos que moram com ela. Significa, sim, que, ao mudar, você se transforma não só em um mestre na arte de perguntar, mas também em uma pessoa interessante.

Perguntas brilhantes no estilo *mude*

Confira dez perguntas e afirmações do estilo *"mostrar-se interessado"*, a ser lembradas na próxima vez que você se encontrar com alguém.

1. Como você conseguiu isso?
2. Por que escolheu esse caminho?
3. Como você aprendeu a fazer isso?
4. De que modo alguém como eu poderia se envolver com esse tipo de atividade?
5. Pode me dar um exemplo?
6. Conte mais a respeito.
7. Você faria isso de novo? Em caso positivo, faria algo de modo diferente?
8. O que você pensa em fazer depois?
9. É mesmo? Uau!
10. Esta última não é, na verdade, algo que você deva dizer. Simplesmente fique em silêncio, sorria e acene positivamente com a cabeça. Você ficará impressionado em notar como as pessoas continuam a falar quando você lhes envia tais sinais.

Mudanças de paradigma

Grande parte do que você leu até aqui concentra o foco no pensamento e nas atitudes do estilo *mude*. Mas é hora de ir um pouco além, com a apresentação das mudanças de paradigma. Uma mudança de paradigma pode ser descrita como uma alteração dos pressupostos básicos. Todos já passamos por uma mudança de paradigma em algum momento. O desafio que proponho a você é a criação consciente dessas mudanças de paradigma com o uso do estilo *mude* de pensar.

Apresento, a seguir, uma situação que me fez passar por uma profunda mudança de paradigma, e o que isso representou para mim.

Em 1995, eu estava em Washington participando de uma conferência. Não conhecia ninguém na cidade e, por causa de meus planos de viagem, chegara um dia antes. Naquela noite, fui dar uma volta perto do hotel e então dei de cara com um cinema. Sem planejar, acabei comprando um ingresso para o primeiro filme que estivesse para começar, não importando qual fosse. A atendente me disse que, se eu corresse, um filme chamado *Irmãos de sangue* começaria dali a instantes.

Entrei na sala 2, ocupei um assento e assisti ao filme. Os créditos ainda estavam sendo exibidos quando as luzes acenderam. Olhei ao redor e fiquei impressionado: eu era o único branco na plateia. Não fiquei tenso, amedrontado ou intimidado de nenhuma maneira; mas fiquei, de fato, bastante consciente, pela primeira vez na vida, do que significava fazer parte de uma minoria.

Essa mudança de paradigma me fez imaginar o sentimento de exclusão que algumas pessoas têm devido à sua cor de pele, suas habilidades, altura, peso, idade etc. Minha esposa foi a única criança negra em uma escola de 700 alunos; esta é uma situação rara atualmente, mas isso deve ter tido certo impacto na vida dela. Ter entrado naquela sala de cinema me ensinou uma lição maravilhosa, da qual sempre me lembro.

E se eu não tivesse *esperado* a mudança de paradigma, e sim *tomado a iniciativa*, forçando-a a acontecer? Confira algumas mudanças de paradigma que você pode tentar.

- Tente passar algum tempo se locomovendo numa cadeira de rodas para colocar-se no lugar dessas pessoas com necessidades especiais.
- Pergunte de que modo uma determinada situação pode ser melhorada em vez de reclamar sobre o que está errado.
- Seja o cliente de si mesmo.
- Jejue durante um dia.
- Trabalhe como voluntário num abrigo para sem-teto e converse com os funcionários dessa instituição sobre como eles foram parar ali.
- Durante uma semana, não compre nada no supermercado, fazendo uso apenas dos suprimentos estocados em sua despensa, freezer etc.
- Antes de condenar o comportamento de alguém, informe-se a respeito de todos os fatos.

Considerando que podemos nos tornar bastante familiarizados com o que nos rodeia (os amigos, a família e as maneiras de fazer as coisas), uma mudança de paradigma geralmente é uma boa forma de adquirir um novo ponto de vista e, em alguns casos, um poderoso chamado ao mundo real.

Dica de mudança
Para um policial de trânsito, deve ser estranho trabalhar o tempo todo com motoristas ao redor dirigindo até o limite de velocidade. No momento em que ele termina o expediente e senta-se ao volante de seu próprio carro, pode então experimentar a sensação de velocidade a caminho de casa!

A oportunidade de vivenciar situações a partir de variados pontos de vista pode lhe dar a possibilidade de compreender melhor as pessoas e seus comportamentos. Ao fazer isso regularmente, você poderá tirar o melhor de cada situação, compreender com maior clareza e ter mais recursos para lidar com qualquer obstáculo que a vida lhe colocar no caminho.

Já encontrou o estilo *mude*?

Seu período de aprendizado do estilo *mude* terminou. Você agora dispõe dos conceitos básicos e de algumas habilidades gerais para agir. A etapa seguinte de seu percurso é concentrar-se nas situações específicas e realmente dominar as técnicas. Os próximos capítulos abordarão as áreas mais importantes da vida e lhe mostrarão como aplicar os conceitos e as atitudes do estilo *mude* em cada uma delas.

Lembre-se de pensar de modo diferente quando estiver lendo cada seção do livro. Se você se pegar pensando "Não estou certo se isso se aplica ao meu caso", *mude* e pergunte "Como essa situação pode se aplicar ao meu caso?".

Mudar em relação à autoconfiança e à felicidade

Observe duas pessoas diferentes. Elas têm a mesma idade, as mesmas origens, suas experiências e qualificações profissionais são idênticas. Na verdade, a única diferença é que uma delas tem plena autoconfiança, e a outra, não. Qual delas será a mais bem-sucedida?

Concordo com você.

Nos últimos dez anos, fiz apresentações para mais de meio milhão de pessoas no mundo inteiro. Durante esses encontros, normalmente faço a seguinte pergunta: "Alguém na plateia é capaz, honestamente, de dizer que tem toda a autoconfiança necessária em todos os aspectos da vida?". Em dez anos, de 500 mil pessoas, apenas três levantaram a mão.*

Transformando a preocupação em confiança

Dica de mudança
Cuidado. Você acaba se tornando um especialista nas coisas que te preocupam.

---

* Não acho que elas tenham levantado a mão porque tivessem, de fato, autoconfiança, mas porque não entenderam a pergunta!

Infelizmente, isso não quer dizer que você se aperfeiçoa nisso; significa apenas que você se torna um especialista em preocupação. As pessoas que mantêm o hábito de se preocupar têm uma capacidade excepcional de imaginar o inimaginável. Minha mãe é excelente nisso. Se eu lhe telefono enquanto estou viajando, ela se preocupa com o fato de eu estar longe de casa. Se telefono de casa, ficará preocupada, achando que muito provavelmente eu não estou recebendo muitas ofertas de trabalho.

As pessoas se preocupam por diversas razões. Mas você já percebeu que é sempre por uma razão negativa? Elas não se preocupam com a possibilidade de assinar um contrato, ou de encontrar seu verdadeiro amor. Preocupam-se, sim, com a possibilidade de perder o contrato ou de envelhecer e acabarem solitárias.

Alguns afirmam que um pouco de preocupação faz bem. Que isso os ajuda a estar preparados. O.k., mas preparados para quê? Para o pior?

A preocupação nada mais é do que um produto de sua imaginação. Ótima notícia, pois quanto maior sua habilidade de usar a imaginação para preocupar-se, mais facilmente ela poderá ser aproveitada para eliminar as preocupações de sua vida. Vejamos como.

Bolo da confiança – a receita para a autoconfiança
Vou lhe ensinar uma técnica simples, que é parecida com a receita de um bolo perfeito: misture os ingredientes certos, siga as instruções e você obterá excelentes resultados a cada vez.

O que faremos é adotar o estilo *mude* para transformar a preocupação em confiança. Para isso, usaremos o mesmo músculo mental que dá origem à preocupação: a sua incrível imaginação.

Teste esse conceito agora mesmo. Em seguida, pratique um pouco mais. E ainda mais. Assim, na próxima vez em que você sentir a preocupação se aproximando, poderá usá-lo de imediato.

Pense numa situação do passado em que você se preocupou com algo que, na verdade, não deveria ser motivo para preocupação, já que a situação se resolveu de modo favorável, fazendo, no final, você sentir uma incrível autoconfiança.

Veja a seguir três dessas situações que talvez tenham provocado uma reviravolta em sua mente.

- Um encontro que no início envolvia certo estresse, mas que no final foi bem-sucedido.
- Uma entrevista de trabalho que era motivo de preocupação, mas ao término da qual você conseguiu a vaga.
- Uma *performance* no teatro, em que depois de ter sentido o famoso frio na barriga, você acabou se revelando como o grande destaque da noite.

Agora, leve a mente de volta ao tempo imediatamente anterior ao surgimento da preocupação, e repasse os eventos em sequência, até chegar ao ponto em que você passou a sentir uma extrema autoconfiança.

A seguir, avalie as diferenças entre os momentos: aquele em que você se preocupava e o posterior, quando passou a ter autoconfiança. Anote as variações no que se refere:

- à respiração;
- à fisiologia;
- ao foco;
- à linguagem;
- à cor e ao tamanho das imagens que você projetava;
- à reação das pessoas ao redor.

Talvez você ache mais fácil fazer o que segue, com os olhos fechados.

Junte os sentimentos e as atitudes que refletem essa autoconfiança e faça-os ganharem maior dimensão em sua imaginação. A seguir, procure inflá-los até que essa autoconfiança lhe traga o nível máximo de satisfação!

Agora, tente usar essa receita com a maior frequência possível. E dê um nome a esse tipo de sentimento: Super Eu, o Homem Confiança, a Mulher Maravilha etc. De início, isso pode soar falso ou esquisito. Sem problemas, o mesmo aconteceu quando você andou de bicicleta ou tentou amarrar o cadarço de seus tênis pela primeira vez. Mas não pense nisso agora. Da mesma maneira, quanto mais vezes você colocar em prática a receita da autoconfiança, mais poderosa ela se tornará, até o ponto em que se transformará em algo automático.

Portanto, na próxima vez que você começar a se preocupar, *mude* imediatamente e coloque em prática sua receita de autoconfiança. Mantenha-se nesse estado o tempo que conseguir, o que pode significar vários minutos, talvez horas. É preciso realmente buscá-la, acreditar que ela funciona e permanecer ao lado dela.

Dica de mudança
Os que conseguem transformar a preocupação em confiança obtêm recompensas extraordinárias.

Usando doses de nostalgia

A nostalgia não é mais como antigamente (perdão, não deu para resistir). Falando sério agora: você já reparou como os testemunhos de duas pessoas que presenciaram o mesmo acontecimento podem parecer completamente diferentes? E também a frequência com que as pessoas adaptam sua memória dos eventos àquilo que bem entendem? Isso se dá pelo fato de a memória ser apenas a sua interpretação do que realmente aconteceu.

Esse é um daqueles estranhos fenômenos que podem ser manipulados a seu favor quando você adota o estilo *mude* (e um pouco de imaginação) a fim de fazer memórias desnecessárias serem recriadas, transformando-se em um passado positivo.

É com cautela que uso o termo "desnecessárias". Pois é possível que haja partes negativas de seu passado que precisem permanecer. Cabe a você decidir.

Aos 40 anos, Daniel era um homem razoavelmente feliz, mas tinha dificuldades de relacionar-se com o pai. Como seu pai estava começando a entrar na velhice, Daniel sentiu a necessidade de melhorar o relacionamento, usando, para isso, certa dose de nostalgia. Acontece que o pai não foi muito presente em sua infância. Pelo menos, essa é a memória que Daniel tinha daquela época.

Daniel concluiu que chegara a hora de recriar lembranças melhores. Começou a visitar sua mãe e lhe pedir que lembrasse algumas das recordações favoritas dela da época em que, ainda criança, passava ao lado do pai. Para grande surpresa de Daniel, ela tinha inúmeras lembranças. Cenas que simulavam lutas, pescarias, o dia em que ele ficou trancado dentro do banheiro e seu pai teve que pular por cima da porta, e muitos outros episódios.

Em seguida, Daniel fez o mesmo exercício com seu pai.

Assim, reservou 15 minutos para revisitar suas recordações, fazendo uso de uma generosa dose de imaginação. Voltou à sua lembrança mais remota, revivendo a fase em que ele e o pai passaram por grandes momentos juntos. Aos momentos vividos ao lado do pai e da mãe, adicionou ainda outros. Sempre que deparava com cenas que associava à ausência da mãe ou do pai, criava uma nova lembrança e brincava com ela em sua imaginação.

Quanto mais ele fazia isso, maior era a fusão entre suas lembranças e sua imaginação. E maior era o número de recordações do tempo que passou ao lado de seu pai.

"No início, tive a sensação de que era tudo falso", diz Daniel, lembrando o modo como as novas memórias surgiam, "mas em pouco tempo fui achando fácil misturar as lembranças à imaginação. O estranho é constatar a imensa quantidade de energia positiva que passei a sentir em relação a meu pai. Ele não havia mudado, nem tinha precisado mudar. Eu, sim, havia mudado."

Dica de mudança
Nunca é tarde demais para viver uma infância feliz.

O estilo de agir "é como se..."

Talvez você considere um pouco forçado usar a imaginação e as lembranças dessa maneira. Só sei que tive de ser convencido disso quando precisei, pela primeira vez, explorar métodos para aumentar a autoconfiança.

Simon Woodroffe, um dos empresários mais bem-sucedidos do Reino Unido e fundador da YO!Sushi e da YOtel, me disse certa vez que ele mesmo se preocupava com o fato de que um dia seria "desmascarado". Quando lhe perguntei sobre como ele superou esse sentimento, ele disse que passou a agir no estilo "é como se".

Na época em que estava negociando a compra do primeiro restaurante da rede YO!Sushi, não tinha a menor ideia do que deveria dizer ou fazer. Então, simplesmente agiu "como se" tivesse. Diz Simon: "Eu adotava a postura de um especialista no assunto, e me perguntava: 'Como é que ele agiria?', e então passava a agir do melhor modo que podia".

Quando você **não sabe como** lidar com algo, *mude* e **aja "como se"** soubesse. É **incrível** o número de ideias que lhe virão à mente.

Revelo aqui um segredo. Praticamente todos passam por momentos de extrema dúvida. Procuramos, então, pessoas que tenham certezas, de modo que possamos acreditar nelas. É o seu caso?

Dica de mudança
A primeira pessoa a ser convencida é você. Se é capaz de convencer a si mesmo, poderá convencer qualquer um.

De que modo agiria uma pessoa autoconfiante? O que você faria se tivesse plena certeza? Se você eliminasse a dúvida, o que mudaria? Uma maneira de fazer isso é criar diferentes personagens (usando a receita da autoconfiança), que podem estar a seu alcance quando você precisar deles. Portanto, além do Super Eu você talvez possa recorrer ao Perito em Reuniões ou à Especialista em Encontros.

Os seus personagens "como se" também poderão ter múltiplas personalidades:

Confiante	Compassivo	Inovador	Compreensivo
Seguro	Inspirado	Divertido	Perspicaz
Inteligente	Determinado	Legal	Tranquilo

É essencial praticar o estilo "como se" quando você não precisa dele. Afinal, a prática leva à perfeição. Portanto, no momento em que precisar de uma *performance* digna de um Oscar, estará pronto.

Bola pra frente!

Richard Nugent é coautor (com Steve Brown) do livro *Football: Raise your mental game* [Futebol: Fortaleça seu jogo mental]. Ele presta assessoria a craques e renomados esportistas, bem como a líderes de empresas. Discutíamos o porquê de alguns jogadores aparentemente perderem a autoconfiança durante uma partida, quando ele me contou uma história incrível sobre um de seus clientes.

Esse cliente era um jogador de Liverpool, que poderia ser considerado um dos mais brilhantes do país. Porém enfrentava um dilema. Se dava um passe errado no início do jogo, era certeza de que daria pelo menos mais cinco passes errados no restante da partida.

O desafio mental consistia no fato de que ele se mantinha preso à lembrança de seu último passe errado. Isso significa que estava não apenas dando um passe novo a cada vez, mas repetindo o passe errado que dera anteriormente.

Richard explicou: "Isso significa que você está, nesse momento, tentando dar dois passes bons ao mesmo tempo e, como o cérebro não é capaz de distinguir com clareza entre o que é real e o que é totalmente fruto da imaginação, por melhor que você jogue, dar dois passes ao mesmo tempo é difícil!".

Imagine o quanto de ansiedade isso pode criar. A cada vez que ele dava um novo passe errado, reforçava o desafio mental, fazendo o número de erros só aumentar.

Esse jovem jogador construía, assim, uma série de passes errados, e, após cada um deles, crescia sua certeza de que daria um novo passe errado. E, tendo tal certeza, os passes se tornavam, de fato, cada vez piores.

A fim de resolver o problema, Richard ensinou seu cliente a concentrar-se no uso de uma frase acionadora: "Bola pra frente!". Ele repetia essa frase várias vezes enquanto jogava e, com isso, eliminava a recordação dos passes errados.

Portanto, se você for um jogador de futebol profissional e estiver lendo este livro, saberá o que fazer quando errar muitos passes. Mas é provável que você não seja, então, o equivalente a "passes errados" pode ser: a rejeição, uma oportunidade perdida, o fracasso em uma audição de teatro, o modo como alguém reagiu diante de alguma atitude sua, ter dito alguma bobagem a alguém etc.

Se usar uma frase como "Bola pra frente!" em qualquer situação que o afete, será menor a probabilidade de errar novamente. Ao concentrar-se num "futuro" positivo em vez de reviver um "passado" negativo você ganhará confiança rapidamente.

O estilo *mude* "Bola pra frente"

Eis alguns exemplos para você começar:

- Teve uma conversa desastrosa pelo telefone – "Próxima chamada".
- Não sabe o que dizer ao encontrar alguém – "Próxima frase".
- Esqueceu o que diria no meio de uma apresentação – "Próxima fala".
- Não conseguiu terminar uma tarefa – "Próxima tarefa".
- Sua sugestão foi rejeitada – "Próxima sugestão".

Ainda pedindo o número 37?

Mas e se você associar seu passado à segurança? Assim ficará difícil vivenciar novas situações, pois sua percepção de qualquer situação nova ou diferente estará associada ao risco.

Um de meus grandes prazeres quando criança era pedir comida chinesa. Ainda lembro de todo o ritual. Pelo menos uma vez por mês, minha mãe ou meu pai anunciava que teríamos comida chinesa no jantar. Meu irmão e eu ficávamos eufóricos e, meia hora depois, papai chegava em casa com uma sacola que continha: um prato arroz + frango frito (número 37), um frango agridoce (número 52) e uma porção de fritas.

Acreditei piamente, durante os treze primeiros anos de minha vida, que as únicas opções de pratos do restaurante chinês eram o arroz + frango frito, frango agridoce e uma porção de fritas!

Meus pais vinham fazendo o mesmo pedido havia 20 anos. Por quê? Era mais seguro, esses pratos eram saborosos e eles estavam acostumados.

Mudar em relação à autoconfiança e à felicidade

A seguir, relatarei como e por que eles mudaram de ideia. Ao fazê-lo, me ajudaram a descobrir as maravilhas da cozinha internacional.

Certa noite, meu pai chegou em casa com a sacola. Lembro-me exatamente de suas palavras no momento em que ele levantou a tampa e constatou que o frango frito com arroz tinha se misturado com o chow mein especial da casa: "Que droga é essa, Liz?" (só fui ouvir meu pai xingar pela primeira vez aos 16 anos de idade).

Lembro-me deles espiando o conteúdo do marmitex, e então enrolando o garfo nos noodles. Depois de examinarem o prato e de alguns minutos de discussão, eu disse: "Eu vou comer". Ao que  minha mãe respondeu: "Mas você não gosta de noodles".

Como é que ela sabia? Eu nunca tinha experimentado!

Por fim, decidimos que a melhor coisa a ser feita era todos experimentarem. E, no fim, todos acabaram adorando!

Mas não foi isso que estimulou a família Heppell a desviar-se dos pedidos 37 e 52 e experimentar vários outros pratos chineses. A razão verdadeira é muito mais complexa.

Embora eu saiba, hoje, que esse novo prato esquisito é o chow mein especial da casa (número 78), naquela época ele era simplesmente conhecido como "o erro". Nas ocasiões especiais em que jantávamos comida chinesa, meu pai escolhia o item habitual daquele cardápio, mas tentava, então, descrever o prato "errado", na esperança de reviver os tempos de glória do chow mein especial da casa. Ele precisou de seis tentativas nos meses seguintes, mas finalmente descobriu. Além disso, descobrimos cinco outros pratos, que (inevitavelmente) adoramos.

O que, para você, equivale ao pedido 37? Que tipo de coisas **você faz** apenas por **força do hábito?**

Talvez seja o momento de *mudar* e tentar algo novo. Utilize isso como um exercício para aumentar a autoconfiança, seja em relação a um prato novo, a um destino de viagem, ao caminho percorrido para chegar a algum lugar ou a um novo modo de fazer algo.

> **Dica de mudança**
> Minha amiga Cheryl diz: "A cada três anos você deve mudar de casa, de emprego ou de marido".

A reprovação em um exame, uma entrevista desastrosa ou o fracasso de um primeiro encontro

Se você, em algum momento, quiser estimular a autoconfiança ou aplicar-lhe um sério golpe, faça um teste, um exame. Se conseguir um bom resultado, sua autoconfiança dará um salto; se sair-se mal, ela desabará.

Então, o que posso lhe sugerir para ajudá-lo na preparação para tal exame? Ah, sim... EXAMES – **EX**agerada **A**nsiedade e **M**ente **ES**tressada.

E como se a situação de passar por esse exame já não fosse suficientemente chata, o próximo estágio é ainda pior: verificar os resultados. Faça uma pequena pausa e pergunte a si mesmo: como posso permitir que informações contidas numa folha de papel determinem o tamanho de minha inteligência? Por acaso a sua inteligência cresce ou diminui no momento da revelação desses resultados, em relação ao que era minutos antes de tal revelação? Por que, então, punimos a nós mesmos com tanta severidade ao sermos reprovados num exame?

É hora de *mudar* e tirar o melhor proveito dessa situação.

Sou um grande entusiasta do aprendizado. Só não consigo me entusiasmar com os métodos atuais de verificação do aprendizado. Às vezes, avaliamos que uma pessoa é boa em determinada área pelo fato de ela ter se saído bem numa prova sobre o assunto. Isso significa que ela é melhor do que outra com maior habilidade na aplicação de ideias e conceitos à vida real, mas que não é tão boa na hora de fazer uma prova?

Portanto, o que fazer se você for reprovado em um exame?

1. Destrua os resultados. Se fracassou completamente, livre-se de todas as provas. Queime, picote, faça qualquer coisa, mas não mantenha vínculo com esse material.
2. Convença-se de que você é a mesma pessoa de minutos antes, porém com um elemento extra: a experiência.
3. Se decidiu refazer o exame, faça isso o mais rápido possível, principalmente em testes para a habilitação de motorista.

4. Peça *feedback*. Se houver alguém que possa explicar o porquê de você não ter sido aprovado, pergunte. E ouça.
5. Pergunte a si mesmo: "O que aprendi com isso?".
6. Faça uso de um dos métodos para aumentar a autoconfiança descritos anteriormente neste capítulo.

A reprovação em um teste não precisa ser sinônimo de pesadelo. Ao mudar a natureza da experiência pela qual acaba de passar, você poderá transformar a experiência negativa em um aprendizado positivo.

O mesmo se aplica à superação daquele primeiro encontro com os pais de sua(seu) namorada(o) ou ao fracasso na entrevista para o emprego de seus sonhos.

Quanto maior for a autoconfiança, mais fácil será abandonar a zona de conforto. Quanto mais você se distanciar da zona de conforto, maior será a autoconfiança. Esperar que um ou outro simplesmente aconteça definitivamente não é a melhor estratégia.

Você deve *mudar* e agir no sentido de expandir a autoconfiança. Assim, será expandido por ela.

Dica de mudança
Todos desejam ter maior autoconfiança, mas são muito poucos os que se empenham conscientemente em expandir essa capacidade.

A boa notícia é: você faz parte desses poucos.

Ser feliz pelo simples prazer da felicidade

A maioria das pessoas se coloca à espera de uma boa razão para ser feliz; só então elas optam por ficar contentes. Este livro mostra que você não precisa se sentir feliz antes para que só depois a felicidade apareça nos eventos diários. Na verdade, é possível criar um estado de felicidade a qualquer momento que desejar.

No entanto, ser feliz pelo simples prazer da felicidade requer algumas estratégias. Esta seção tem o intuito de apresentar alguns passos iniciais.

Não fique analisando estas perguntas. Apenas responda sim ou não.

Você consegue ficar feliz e triste no mesmo dia?

Você consegue ficar feliz e triste numa mesma hora?

Você já passou por situações em que o mesmo acontecimento o deixou feliz num primeiro momento e triste no seguinte?

Você já notou como algumas pessoas parecem ser mais felizes do que outras?

Você já notou como algumas pessoas parecem ser mais felizes o tempo todo?

Há momentos de sua vida em que, mesmo tendo muitas razões para estar feliz, você sente que é mais fácil ficar meio mal-humorado, mostrando certa tristeza?

Na verdade, estar mal-humorado é uma questão de escolha pessoal?

Mal-humorado... não é um belo adjetivo, esse?

Agora, a melhor de todas... se estar mal-humorado é uma escolha pessoal, é possível optar pelo estado de felicidade?

Imagino que tenha respondido sim à maioria das questões. Essas perguntas simples têm a mera intenção de fazê-lo começar a pensar que você tem, de fato, a possibilidade de escolher. Tal escolha torna-se ainda mais clara no momento em que você dispõe das ferramentas adequadas.

Dica de mudança
Você pode escolher ficar mal-humorado ou ser feliz.

Uma maneira simples de *mudar* de triste para feliz

O modo mais fácil e rápido de começar é esboçar um enorme sorriso bobo e esperar para ver o que acontece. Sim, sei que fazer isso pode ser muito mais difícil do que dizer (e mais fácil ainda do que ler), mas ainda assim vale a pena o esforço. Há duas linhas diferentes em relação ao procedimento "Finja até conseguir o que deseja".

De acordo com a primeira, quando você pratica uma ação mesmo sem acreditar nela, é capaz de persuadir sua mente a pensar de um modo diferente, e assim obter diversos resultados.

A segunda linha argumenta que tudo o que você está fazendo não passa de uma aplicação de um tipo de película sobre seus processos mentais mais profundos e, mesmo que isso cause algum efeito, rapidamente você voltará ao ponto inicial.

É mais realista pensarmos numa combinação dessas duas linhas. Portanto, apresento meu roteiro "Passe de triste a feliz" em três etapas. Você obterá resultados rápidos – e duradouros.

- **Etapa 1 – Mude sua postura:** em outras palavras, mude a expressão facial, em vez de um sorriso amarelo dê um sorriso real, erga os ombros, arregale os olhos, levante a cabeça e respire fundo duas vezes.
- **Etapa 2 – Considere tudo aquilo que está certo e adequado:** isso significa que você deve encontrar cinco coisas corretas e adequadas em relação a este exato momento. Estou vivo, moro numa casa confortável, tenho uma boa aparência, as pessoas gostam de mim do jeito que sou, tenho o que comer hoje. Você sabe quais são essas coisas, mas precisará de pelo menos cinco delas, e essa etapa funcionará um pouco melhor se você escrever as frases.
- **Etapa 3 – Tome iniciativas:** tome uma ou mais atitudes a fim de criar um estado emocional melhor – e quando digo "atitude", quero dizer: mexa-se! Quando você leva uma vida sedentária, é mais fácil sentir-se triste; quando está em movimento, é mais fácil sentir-se feliz. Se tiver necessidade de chamar alguém na sua casa, não grite, levante-se e vá até lá. Se tiver de arrumar uma bagunça qualquer, mexa-se e comece imediatamente.

O **movimento** traz uma sensação de **bem-estar**!

Simples? Simples demais? Bem, não critique essas práticas até que tenha a oportunidade de testá-las. E é melhor testá-las antes de precisar delas.

Não espere até ficar baixo-astral. **Pratique agora** e então perceberá como é **fácil** aplicar essas técnicas na hora da necessidade.

Se você tem o hábito de ler do início ao fim (e não como um passarinho bebe água, como eu), terá notado que já percorreu cerca de 20% deste livro. Já é hora de passar do estágio "você, você, você", expandir seu modo de pensar e começar a...

3

Mudar em relação aos amigos, aos relacionamentos amorosos e à família

Seria ótimo se este fosse o capítulo mais curto do livro, mas em geral não damos o devido valor às pessoas queridas e, com isso, criamos obstáculos desnecessários em nosso próprio caminho. Como em qualquer outra área da vida, os relacionamentos com a família e os amigos podem ser (bastante) aperfeiçoados com o uso de algumas ferramentas, técnicas e um pouco de esforço.

Amigos

Comecemos pelos amigos. É maravilhoso ter amigos: quando você deseja passar horas ao lado deles, eles mostram estar em sintonia com esse seu desejo, não demonstram carência, são generosos e lhe dão apoio. Você conhece seus amigos e eles o conhecem. Sabem exatamente o que darão a você de presente de Natal e aniversário e nunca abusam da sua hospitalidade. Eles lhe telefonam na hora exata, lembram-se daquilo que é importante e usam o sexto sentido para demonstrar solidariedade ou dar conselhos na dose e no momento certos. Essa descrição lhe parece fiel?

É bem provável que seus amigos mostrem alguns dos comportamentos descritos, mas apenas em determinadas situações. Alternam isso com o costume frequente de aparecer na hora mais inconveniente, mostram-se arrogantes, têm o hábito de falar às suas costas, de dar presentes que não lhe agradam, sem realmente compreender você, suas necessidades e desejos.

Estou sendo cruel demais, uma vez que o perfil de seus amigos está em um meio-termo, situado entre os dois extremos que descrevi? Consigo até ouvir o seu protesto: "Ei, eles são meus amigos, não posso fazer nada!".

E se você mudar e adotar a regra "não me satisfaço com pessoas medianas, desejo obter o que há de melhor em minhas amizades?" Bem, essa é uma boa hora para começar a praticar.

A tabela dos amigos

Vamos começar elaborando uma lista dos oito amigos com quem você convive a maior parte do tempo. Escreva o nome deles na página ao lado. Podem ser vizinhos, colegas de trabalho, velhos amigos de escola etc. A seguir, anote ao lado de cada nome um cálculo aproximado de quanto tempo você passa com cada um deles. Para facilitar a tarefa, suponha que o tempo de que você dispõe para conviver com outras pessoas é de aproximadamente cem horas semanais. Reflita por um instante e dê uma nota de 1 a 10, de acordo com a seguinte escala.

Avalie em que medida eles são mais positivos ou negativos (+ ou −). *Muito positivo* equivale a 9 ou 10 e, *negativo*, a 2 ou 3. É claro que eles talvez estejam entre os dois extremos. Seu ponto neutro será o número 5.

Eis alguns exemplos para ajudá-lo a atribuir as notas.

Positivo (notas altas)
Foca o correto
Busca uma solução
Ele/ela lhe dá energia

Negativo (notas baixas)
Concentra-se no que está errado
Vê apenas o problema
Ele/ela o deixa exausto

Mudar em relação aos amigos, aos relacionamentos amorosos e à família

Sente prazer em sorrir   Sente prazer em reclamar

A seguir, pontue a quantidade que eles "dão ou recebem" nesta amizade. Como acima, o "dar muito" equivale a uma nota alta e o "receber muito" a uma nota baixa. O número 5 é o ponto neutro.

Eis alguns exemplos para ajudá-lo a atribuir as notas.

Dar (pontuação alta)	**Receber (pontuação baixa)**
Interessado(a) em você	Só fala de si
Conhece e compreende suas fraquezas	Não o conhece direito
Primeiro oferece-se para ajudar, depois faz perguntas	Quer saber tudo
É o primeiro a oferecer dinheiro	É o último a contribuir

Amigo(a)	**Porcentagem de tempo**	**+ou−**	**Dá ou recebe**
1 _____	% _____	_____	_____
2 _____	% _____	_____	_____
3 _____	% _____	_____	_____
4 _____	% _____	_____	_____
5 _____	% _____	_____	_____
6 _____	% _____	_____	_____
7 _____	% _____	_____	_____
8 _____	% _____	_____	_____

Muito bem. Provavelmente não deve ter sido muito fácil, mas parabéns se você conseguiu encontrar os oito nomes. Após fazer esse exercício, você poderá descobrir exatamente em que lugar do gráfico seus amigos estão.

Acrescentei dois exemplos para você ver como funciona. Abaixo, Tom teve nota 6 por ser uma pessoa que doa, mas apenas 3 na escala negativo-positivo. Assim, ele se situa no quadrante de cima, lado esquerdo. Por outro lado, Suely é bastante positiva e doa mais; está situada no quadrante de cima, lado direito.

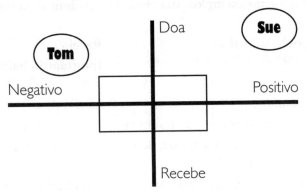

Após identificar o lugar de seus oito amigos, começará a ficar mais claro com quem você talvez deva passar mais tempo. Também saberá com quais deles precisará desenvolver estratégias diferentes.

Veja a descrição dos quatro quadrantes:

- **"Sugador"**: Você tem a sensação de que toda a sua energia foi sugada depois de passar um tempo com eles. Você gosta deles como amigos, mas percebe que o foco deles está, acima de tudo, em duas coisas: neles mesmos e o que há de errado com a vida.

Todos nós já passamos por isso, mas se seu(sua) amigo(a) é um(a) "sugador(a)" e você passa muito tempo ao lado dele(a), é hora de tomar uma atitude a fim de se preservar.

Mudar em relação aos amigos, aos relacionamentos amorosos e à família

- **Pobre de mim:** São pessoas agradáveis e generosas, mas a cada encontro você acaba sentindo pena delas. Às vezes, isso o faz se sentir culpado pelo fato de elas doarem tanto e você, não.

O tipo "pobre de mim" também tende a adoecer com mais facilidade e, do mesmo modo que ele diz não querer incomodá-lo, sentirá prazer em compartilhar todos os detalhes macabros.

- **Tiete:** Estão sempre animados e sorrindo, e em geral dispostos a lhe contar tudo o que têm feito. Parecem ter algum conhecimento e opinião sobre quase tudo. O problema é que eles sempre sentem estar com a razão e, invariavelmente, logo você terá a sensação de que está sempre errado.
- **Alto-astral:** Uau! Eles fazem com que você se sinta bem. São pessoas interessadas e interessantes. Preocupam-se com os outros e divertem-se muito com as suas atividades. Quando você precisa deles, pode contar com seu apoio. Você gosta dos conselhos que recebe e normalmente os pede.

As descrições acima lhe parecem fiéis?

Coloquei o nome de meus amigos no gráfico. E agora?

Quando minha esposa Christine e eu criamos o "gráfico dos amigos", nós o testamos com alguns amigos nossos. Foi incrível perceber a reação deles no momento em que descobriram o porquê de se sentirem diferentes em relação a algumas pessoas e a alguns grupos de amigos. Depois de alguns minutos de reflexão, todos eles nos fizeram a mesma pergunta: "E agora, o que devemos fazer?".

A escolha é sua. Se você está realmente satisfeito com seus amigos, com o tempo que passa ao lado deles e com aquilo que obtém desses relacionamentos, então não precisará fazer nada. Mas o espírito deste livro é mudar e tirar o máximo proveito de todas as situações – e isso inclui as suas amizades.

Veja algumas considerações sobre o que você pode fazer com os amigos de cada um dos quadrantes.

Comecemos com aquilo que chamo de linha "3E". Ela começa no canto superior direito, segue em direção ao centro e termina no canto inferior esquerdo.

Quanto mais perto seus amigos estiverem do canto superior direito do gráfico, mais você deverá se concentrar no primeiro "E" e "elevá-los".

Quanto mais perto seus amigos estiverem do canto inferior esquerdo, mais você deverá considerar o terceiro "E" e pensar de que modo pode "eliminá-los".

Um momento. Quando digo "eliminar", minha ideia não é contratar capangas para executar alguém. E não estou sugerindo que, se um amigo estiver precisando de ajuda, pois está nessa situação devido a alguma circunstância, você imediatamente lhe feche as portas. Quero dizer que talvez você tenha de tomar alguma atitude a fim de se proteger das pessoas que volta e meia se

Mudar em relação aos amigos, aos relacionamentos amorosos e à família

veem nessa situação. Acredito, de fato, que você consiga fazer isso de um modo positivo.

As pessoas que estão situadas na área central da linha podem ganhar um *upgrade* com certa dose do último "E" – "educar". Isso facilitará a vida de qualquer um que se encontre entre os limites da linha que vai do canto inferior esquerdo até o superior direito: são os 3 "Es": elevar, educar e eliminar. Veja informações detalhadas sobre cada quadrante.

- **"Sugador":** Comece a se dar conta do número de horas que você convive com eles e pergunte-se o que pode fazer para reduzir esse tempo pela metade, o mais rápido possível. Lembre-se: aos poucos você assimila as características das pessoas com quem passa a maior parte do tempo.
- **Pobre de mim:** Um grupo desafiador, já que esse tipo de amigo adora doar, mas também absorve muito de você emocionalmente. A melhor maneira de lidar com eles é por meio do "amor austero". Talvez você tenha de sentar ao lado deles e lhes falar sobre sua negatividade. Estimule-os a olhar para o lado positivo das situações.
- **Tiete:** Excelentes quando estão em grupo. Planeje-se, de modo a estar sempre rodeado de outras pessoas quando for encontrar com esse tipo de gente. Verá que é mais fácil controlar a quantidade de energia que eles demandam quando ela pode ser repartida entre você e outros.
- **Alto-astral:** Passe mais tempo na companhia dessas pessoas. Sobretudo se elas estiverem no canto superior direito. Se você conseguiu reduzir pela metade o tempo que passava com os "sugadores", use-o agora com o grupo "alto-astral"!

> **Dica de mudança**
> Diga aos seus amigos do quadrante "alto-astral" o quanto gosta deles e o quanto lhes dá valor. Eles vão gostar muito de ouvir isso.

Rivalidade amistosa

Aposto que você tem amigos que demonstram algum tipo de competição. E aposto que você demonstra certa competição com certos amigos. E, já que estamos sendo francos, imagino que você dedica uma quantidade maior de energia às pessoas que considera melhores que você.

Tenho certeza de que tudo isso começou na fase da adolescência (ou mesmo antes), quando parecia que todos os seus colegas e amigos tinham algo ou faziam algo melhor do que você.

Eu tinha um tio muito sábio que, a cada vez que eu o importunava dizendo que os outros pareciam ter tudo aquilo que eu sempre quis, ele me dizia: "Michael, você sempre terá a sensação de que não é tão bom quanto algumas pessoas, mas também saberá que é muito melhor do que outras".

Ao entrar em competição com os amigos, a família e os colegas, haverá momentos em que a sensação será a de que você não está à altura deles. Esse tipo de sentimento não fará de você uma pessoa melhor, mas há atitudes que podem ser tomadas que o farão se sentir extremamente bem.

É hora de *mudar*. Passar o tempo na companhia de pessoas que você considera melhores que você é uma excelente ideia para aperfeiçoar seu desempenho e, se essas pessoas forem suas amigas, será um motivo de comemoração. Deixe a inveja de lado e concentre-se naquilo que você pode aprender com amigos desse tipo.

Sugiro *mudar*, mais uma vez. Considere, por exemplo, o caso de alguns amigos que certamente têm a sensação de que você é melhor do que eles. Se isso realmente ocorrer, então evite, a qualquer custo, a arrogância. Ela costuma chegar de mansinho e, quando menos espera, pimba!, você começa a se vangloriar. Às vezes, quando você acha que está apenas partilhando as coisas que lhe têm acontecido, isso pode ser visto pelos outros como arrogância. Se estiver em dúvida, faça uma pausa e reflita.

Coma um docinho – uma **generosa fatia** de **torta da humildade**.

Dica de mudança
Você não tem o poder de escolher sua família, mas pode selecionar seus amigos. Faça boas escolhas, tenha uma atitude brilhante em relação aos seus amigos e eles agirão do mesmo modo com você.

O amor

O sentimento da pessoa apaixonada é o mais sublime de todos. Quando você encontra o amor, esse sentimento amplifica todos os aspectos e incríveis dimensões da vida. É como se a melhor das amizades estivesse em chamas! E, do mesmo modo que acontece com qualquer coisa notável e preciosa, é preciso sorte e um pouco de empenho para encontrá-lo, e uma habilidade enorme para preservá-lo.

Você está apaixonado? Compartilharei, então, alguns métodos para a sustentação desse sentimento e também para estimulá-lo. Você ainda não encontrou o seu amor, ou encontrou e o perdeu, ou não entende o porquê dessa falação toda aqui? Comecemos pelo segundo caso.

Encontrando o amor no estilo *mude*

"Um dia, meu príncipe vai surgir." Essa frase é tão romântica quanto improvável. Isso porque: 1) Príncipes raramente surgem; 2) Se aparecer, normalmente ele é tão pomposo que não irá lhe agradar; 3) "Era uma vez, num reino distante..." não tem nada a ver com o momento atual e, além disso, você está aqui!

Portanto, o que funciona melhor em sua opinião, esperar sentado(a), achando que um dia a pessoa certa tropeçará em você, ou ir à luta e encontrá-la você mesmo(a)? Sei que pode parecer amedrontador, mas, sim, a resposta ideal é a segunda.

Dividirei a próxima seção em duas partes. A primeira foi escrita por mim, e é dirigida aos homens. A segunda, por minha esposa Christine, e é voltada às mulheres. *Sugiro que as mulheres não leiam a seção reservada aos homens, pois talvez não gostem dos conselhos expostos. Do mesmo modo, rapazes, não leiam a parte reservada a elas.*

Informações dirigidas aos homens

Se você está procurando o seu amor, aqui está uma lista de dicas simples.
- Mantenha a forma – Olívia Newton-John estava certa! Pneus na região do abdome não parecerão atraentes para ela.
- Não tenha a preocupação de ser bonito – elas não gostam de caras que levam mais tempo para ficar prontos do que elas.
- Mantenha sapatos, unhas e dentes limpos.

Mudar em relação aos amigos, aos relacionamentos amorosos e à família

- Não pense que desodorantes com perfume forte atraem as mulheres, por mais que os anúncios publicitários afirmem isso.
- Dê o primeiro passo. As mulheres são atraídas por homens autoconfiantes. Mas cuidado: elas têm aversão a homens arrogantes.
- Não se intimide com a rejeição. A menos que tenha muita, muita sorte, você levará alguns foras até encontrar o amor de sua vida.
- Seja romântico, mas não imediatamente depois de ser apresentado a ela, tampouco na frente das amigas dela. Seja autêntico.
- Não concorde com tudo o que ela diz só por concordar.
- Seja educado.
- Não fale só de você, por mais hilariante que você possa ser!
- Fale a respeito dela – sobretudo se estiver mostrando um interesse real (ver "Como ser interessante no estilo *mude*", página 23)

Informações dirigidas às mulheres

É a vez de vocês, garotas.

- Mantenha a forma – além de melhorar o visual, você se sentirá melhor.
- Não fume. O cigarro não é sexy, faz mal à saúde e você ficará com um cheiro de fumaça. Ah, e ainda provoca celulite.
- Permita que suas amigas apresentem você aos rapazes. Sinceramente, nunca será tão ruim quanto você imagina.
- Não "procure um marido". A menos que você queira amedrontar todo e qualquer homem em um raio de 50 km.

- Sorria muito. Os homens consideram o sorriso bastante atraente. Somente tenha a certeza de que o sorriso é sincero, caso contrário você poderá parecer meio maluca.
- Não pense que os homens sabem de tudo. Em geral, não têm ideia do que estão fazendo, precisando ser orientados.
- Seja segura.
- Não se atrase demais. O atraso habitual vai até uns 15 minutos; além disso, você ultrapassa os limites da indelicadeza.

Então, seguiu meu conselho e nem sequer cogitou ler a lista dedicada ao sexo oposto? Ou decidiu *mudar* e dar uma espiadela? Imaginei que isso aconteceria – somos todos fascinados em saber o que pensa a pessoa do outro sexo.

E, então, está pronto para começar? O que você está esperando? Ah, claro, a parte "como encontrar uma pessoa".

Encontrando o amor de sua vida

É muito pouco provável que você o encontre enquanto assiste à tevê despropositalmente. Mas pode ser que encontre pela internet. Você sabia que uma entre oito das pessoas que se casaram nos EUA em 2007 se encontraram on-line? O número de encontros virtuais cresceu muito nos últimos anos.

Um pequeno segredo em relação às pessoas que usam sites de encontros a fim de conhecer alguém: elas realmente desejam encontrar alguém. Não se pode dizer o mesmo de pessoas que frequentam bares, clubes e festas, nos quais é necessário percorrer todo o ritual "você também está procurando?".

Portanto, se você tem disposição de movimentar-se, mas não distante demais de seu PC ou laptop, é capaz de deixar seus preconceitos de lado e entrar no mundo virtual?

E que tal sair para o mundo externo, explorando a vida real e encontrando estranhos? Arrrrrrgh! Mas e se eu for rejeitado(a)? E se eu fracassar? E se eu for a pessoa mais feia no ambiente? E se eu for a única pessoa solteira presente?

O.k., é hora de mudar. E se houver um monte de gente solteira ali? E se acharem você incrivelmente atraente? E se conseguir marcar um encontro? E se encontrar seu amor?

Tenho um amigo que, ao entrar em qualquer ambiente, tinha a profunda crença de que todas as mulheres ali se sentiriam atraídas por ele. Ele não era uma "pintura", como costumava dizer minha avó, mas sempre conseguiu encontrar várias mulheres que viam nele algum charme. E nos momentos em que levava um fora, simplesmente reagia com educação, sorria, partia para outra e dizia baixinho para si mesmo: "Próxima!".

Alimentando o novo amor

O.k., você já passou pelo maior obstáculo e encontrou alguém. Você gosta dessa pessoa, ela gosta de você, vocês de fato gostam da companhia um do outro. Será que isso é... amor?

Numa entrevista, certa vez pediram que eu definisse o "estar apaixonado". Descrevi assim: "É quando o seu coração para de bater por um instante no momento em que a outra pessoa entra no ambiente em que você está". Se ainda for capaz de sentir isso depois de amar sua esposa durante 20 anos, se ainda sentir que seu coração parou por um instante, então imagino que você tenha encontrado o que procurava.

Você **não pode depender da sorte** para chegar lá.

Todo relacionamento tem três níveis. Assim que terminar o período de lua de mel (e isso irá acontecer), você deverá concentrar-se em elevar esse relacionamento até chegar ao nível 3.

- **Nível 1 O que posso obter deste relacionamento?** É aqui que a maior parte dos relacionamentos começa. Sem problemas. Mas se continuar a pensar nesses termos, é pouco provável que ele vá longe.
- **Nível 2 Farei isso por você, mas minha expectativa é que você faça aquilo por mim.** Este é o modo "toma lá, dá cá" de pensar e também o ponto em que a maior parte dos relacionamentos se estagna. Muitas pessoas se satisfazem nesse nível, já que com ele cria certo grau de certeza. Por exemplo: "Na terça-feira você saiu com seus amigos, então posso sair com os meus na quinta".
- **Nível 3 As suas necessidades são as mesmas que as minhas.** Este é o nível de progresso mais alto que um relacionamento pode atingir. Você tem um comprometimento total com as necessidades de seu(sua) parceiro(a), e vice-versa sem que haja qualquer expectativa de retribuição. Como você deve imaginar, chegar nesse nível é difícil, mas permanecer é ainda mais. No entanto, as recompensas são incríveis.

Um relacionamento do nível 3 requer de fato o estilo *mude* de pensar, já que demanda a confiança e o comprometimento em seus níveis mais altos. Também é essencial que ambos estejam no mesmo nível. Você é capaz de imaginar um relacionamento em que um dos dois esteja no nível 3 e o outro no nível 1?

Mudar em relação aos amigos, aos relacionamentos amorosos e à família

Gostar muito de ouvir

Aqui vai uma dica para os rapazes. Sabe aquele dia em que você e sua mulher/namorada voltam do trabalho, ela teve um dia infernal e quer lhe contar tudo o que aconteceu com ela?

Ela começa a descrever suas peripécias com grande riqueza de detalhes, acompanhadas de trilha sonora, quando, no meio do relato, você passa a achar que tem a resposta para os problemas dela e que pode salvá-la de seu tormento. Então você a interrompe, usando sua sabedoria lógica típica do mundo masculino, mas ela não parece realmente estar lhe dando ouvidos. Mas você está convencido de que pode consertar a situação para ela.

É quando você se dá conta. Ela não ouviu uma palavra sequer do que você disse. Esses aconselhamentos característicos do universo masculino são brilhantes, mas não fazem nenhuma diferença. Você agora está frustrado, ela se sente ainda mais magoada e tudo o que você queria era ajudar!

A conversa talvez resulte em algo assim:

Homem: "Oi, querida! Como foi seu dia?"
Mulher: "Foi bem. Apesar do..."
Homem: "Do...?"
Mulher: "Meu chefe está me deixando maluca. Me ignora completamente, me passa as tarefas mais estúpidas e fica procurando pelo em ovo, nas menores coisas".
Homem: [Aqui vem o conselho tipicamente masculino] "Sabe o que você deveria fazer?"
Mulher: "Não há nada que eu possa fazer. Ele é o chefe".

Homem: "Bobagem! Se eu estivesse na sua situação, eu...".
Mulher: "Mas você não está!"
Homem: "Eu sei, mas eu não teria deixado a coisa chegar a esse ponto. Mas já que chegou, você deveria..."
Mulher: "Você não faz a menor ideia do que eu deveria, do que posso ou não posso fazer".

Se essa conversa soa como um típico fracasso familiar, é porque ela desrespeita a primeira lei dos relacionamentos entre homem e mulher:

Os homens querem consertar as situações; **as mulheres querem** ser ouvidas.

Não pense que quando uma mulher está enfrentando problemas, o que ela espera, no mundo ideal, é que apareça um homem para resolver tudo. De modo geral, se uma mulher precisa consertar uma situação, ela fará isso sozinha. Se não conseguir, pedirá ajuda.

Da mesma forma, se você é uma mulher e está falando com um homem, não imagine que ele está ouvindo (a menos que você esteja lhe dizendo o placar dos jogos). Deus passava por um momento bastante peculiar quando configurava os cérebros masculino e feminino.

Portanto, vamos *mudar* e reprisar a mesma situação, dessa vez usando esses conhecimentos recém-adquiridos.

Homem: "Oi, querida! Como foi seu dia?"
Mulher: "Foi bem... Apesar do..."
Homem: "Do...?"
Mulher: "Meu chefe está me deixando maluca. Me ignora completamente, me passa as tarefas mais estúpidas e fica procurando pelo em ovo, nas menores coisas".
Homem: "E o que mais está acontecendo?".
Mulher: "Ah, você sabe como é. Talvez eu esteja tomando isso pelo lado pessoal, mas na semana passada, em pelo menos cinco situações ele me fez passar por uma cidadã de segunda classe".
Homem: "Sério? Por quê?".
Mulher: "Ah, deixa pra lá. Só estou desabafando".
Homem: "Eu sei, mas eu fico contente em poder ouvir você. O que aconteceu?"
Mulher: "Bom, na terça-feira...".

Entenderam, rapazes? Muito bem.

Agora, uma dica para as mulheres.

Quando seu marido/namorado chega do trabalho, deixe-o assistir ao noticiário ou ao programa de esportes em sua pequena "caverna" (a sala de tevê) durante cerca de meia hora antes de tentar estabelecer uma comunicação minimamente sensata.

É isso. Simples assim. Simples como os homens.

Os homens são diferentes das mulheres de diferentes modos. *As mesmas diferenças que fazem com que as relações íntimas sejam maravilhosas num dia podem ser destruídas no dia seguinte.* Reconhecer esse fato e acentuar os aspectos positivos do relacionamento, ao mesmo tempo que se eliminam os negativos, são a chave para um relacionamento amoroso bem-sucedido.

Mude!

Um amor duradouro

O número de anos ao lado de minha esposa, desde o dia em que a conheci até hoje, já supera o período em que não amei ninguém. Nada mau, quando se tem apenas 41 anos.

Descobri que, invariavelmente, as pequenas coisas é que têm o poder de construir ou destruir um relacionamento. Pequenas coisas vitais, que demonstram que você ama, que se preocupa com o outro e o respeita. Fique atento a elas e estará construindo uma base sólida para o relacionamento amoroso.

Conheça algumas das coisas que fazemos um pelo outro. Veja se elas o inspiram para encontrar as suas próprias maneiras de demonstrar ao outro a importância que ele tem.

- **Pasta e escova dental preparados:** Toda noite, antes de dormir, aquele que entra primeiro no banheiro coloca a pasta em ambas as escovas. Não me lembro quando ou por que adotamos esse hábito, mas ele é simples e gentil.
- **Atenção especial às mensagens do dia a dia:** Deixar bilhetes com palavras amorosas não é uma ideia nova, mas com o surgimento do SMS, esse costume praticamente desapareceu. Sim, é ótimo receber um torpedo de sua parceira, mas encontrar um bilhete manuscrito na gaveta de meias pode ser maravilhoso.
- **Aquecer o carro:** Uma das coisas mais incríveis que minha esposa faz por mim é aquecer o carro nos dias mais frios de inverno. Você não imagina como é maravilhoso entrar no carro e já poder dar a partida, especialmente quando se está com pressa.
- **CD mixado:** Graças ao *iTunes* e outros recursos, nunca foi tão fácil gravar um CD especial para o(a) seu(sua)

amado(a). Simplesmente faça sua playlist, insira o disco e clique em "Queimar". E você pode tornar esse gesto ainda mais especial se fizer uma lista paralela das faixas, com o porquê da escolha de cada canção.

- **Dizer "Eu te amo":** Quantas vezes será necessário ouvir essas palavras até enjoar? Pois é. Então, se você ainda não as disse hoje, faça isso agora mesmo.

Este é apenas um início, para ajudá-lo. O encontro com a pessoa amada é uma das experiências mais incríveis que podem lhe acontecer. E quando o amor vai bem e os relacionamentos se desenvolvem plenamente, o passo seguinte, dado por muitos, é expandir esse amor e começar uma família.

A família

Sim, a boa e velha família. Comecemos com um passo simples.

Como fazer seus filhos lavarem os pratos e arrumarem seus quartos sem ter de mandar.

Certa vez, dei um treinamento numa faculdade pouco antes de eles receberem uma inspeção do Ministério da Educação. A agenda deles estava lotada e não havia como fechar a faculdade durante um dia inteiro, então marcamos o treinamento para um sábado.

Nos pôsteres e convites para o evento, os organizadores fizeram uma lista das habilidades que os funcionários poderiam aprender, caso estivessem dispostos a sacrificar seu dia de folga e participar do treinamento. O último item da lista era a seguinte frase: "Descubra como convencer seus filhos a arrumar o próprio quarto sem ter de pedir/mandar, suborná-los ou implicar com eles".

Quase 100% dos funcionários compareceram! Adivinhe o que todos eles queriam descobrir? Acertou.

O genial dessa técnica é que ela pode ser usada para estimular qualquer um a fazer praticamente qualquer coisa. Aposto que isso atraiu sua atenção.

Ela funciona da seguinte maneira: as crianças, e particularmente os adolescentes, são pré-programados com uma aversão automática à arrumação do próprio quarto. Para convencê-los, a maioria dos pais tenta a técnica da reclamação constante ou então da persuasão. Não funciona. Então, o que fazem? De modo insano, continuam insistindo na mesma técnica.

Ao depararmos com a mesma dificuldade com nosso filho, Christine e eu abandonamos os métodos convencionais e decidimos *mudar*. Nosso plano era radical e envolvia uma grande dose de risco.

Daquele dia em diante, decidimos reagir sempre de modo positivo em relação aos hábitos de nosso filho Michael, no que dizia respeito à arrumação do quarto. Procurávamos o menor detalhe do quarto onde ele mantinha as coisas organizadas, devidamente guardadas ou limpas, e passamos a elogiá-lo por isso. Em alguns dias, percebemos que não era nada fácil ter tomado essa decisão!

Mudar em relação aos amigos, aos relacionamentos amorosos e à família

Após certa confusão inicial, incluindo o momento em que ele nos disse "Sei exatamente o que vocês estão fazendo", continuamos firmes em nossa decisão. Demorou cerca de duas semanas para que ela começasse a surtir algum efeito, mas pouco a pouco ele passou a organizar o quarto. E a organizá-lo cada vez melhor!

Em geral, as **técnicas de persuasão** convencionais não cumprem seu propósito; elas aparentam ser mais fáceis, mas apenas **amenizam o problema**. As famílias merecem mais do que isso.

Melhorando as coisas que já estão dando certo

Imagine, por um momento, que você é capaz de concentrar toda a sua energia nas coisas que estão dando certo com sua família. A maior parte das famílias, por uma ou outra razão, acaba tendo relacionamentos preguiçosos. No início, isso não chega a atrapalhar, mas quando as coisas começam a dar errado, elas tentam dar um jeito, porém já é tarde demais.

Encontrei pais de famílias que se preocupavam mais com "a assinatura de um contrato" do que com suas lindas filhas. Deparei com esposas que estavam mais preocupadas com uma promoção no emprego do que com seus parceiros. E um número excessivo de maridos que se importava mais com seus egos do que com qualquer outra pessoa, qualquer outra coisa.

Mude!

É fácil ter uma atitude preguiçosa em um relacionamento familiar. Isso porque as consequências só ficam claras quando já é tarde demais. As famílias perdoam mais facilmente do que os amigos. Elas têm uma maior tendência a tolerar as bobagens do que os colegas. E todas as famílias arrumam pretextos e desculpas para proteger seus membros queridos, tolerando mais do que é necessário.

Encare os fatos – todos nós podemos melhorar.

Conheça 10 atitudes que você pode ter em relação aos seus parentes, do mais próximo ao mais distante. Atitudes que são garantia de uma melhora fantástica no relacionamento familiar.

1. **Comece a namorar (seu parceiro):** Quando encontrou seu parceiro pela primeira vez, até que ponto você se empenhou no relacionamento? Quanto tempo levava preparando-se para cada encontro? Você era pontual, cuidava muito da aparência, criava um clima de grande expectativa e mostrava preocupação com o outro – uma verdadeira preocupação. Distribuía elogios e concentrava sua atenção nos aspectos positivos de seu parceiro. Em que medida você é capaz de reviver esses tempos?

2. **Registre a fala de seus pais (ou avós):** Recentemente, comecei a gravar as histórias que meus pais contam sobre seu passado. É incrível a quantidade de fatos que não conhecemos ou que caíram no esquecimento. O melhor disso tudo é que, com o advento da tecnologia, nunca foi tão fácil registrar essas histórias e guardá-las para matar as saudades, num dia futuro.

3. **Façam as refeições juntos:** A maioria das famílias não tem essa prática, o que é uma pena. A refeição em família é uma maneira fantástica de colocar as novidades em dia

e de mostrar interesse pelo outro no final de uma jornada de trabalho.

4 **"Namore" seus filhos:** Se você tem filhos, crie oportunidades de passar algum tempo com eles, individualmente. Tenho ótimas lembranças do tempo em que eu levava minha filha a um restaurante chique, época em que ela ainda mal chegava à altura da mesa.

5 **De homem para homem:** As mães também podem fazer sua versão, mas não há nada que se assemelhe a dois homens estreitando seus laços.

6 **Conviva mais tempo com parentes mais velhos:** Já me peguei dizendo "Não tenho muito tempo" antes mesmo de sair de casa, ao visitar alguns de meus parentes mais velhos. Se isso também aconteceu com você, é hora de *mudar* e encontrar uma nova maneira de dividir um pouco mais de seu tempo.

7 **Capriche nos presentes:** Muitas pessoas não pensam de fato nos presentes que podem dar aos membros da família e acabam dando vale-presentes ou dinheiro. Não passa de uma crença limitada dizer: "Nunca sei o que comprar para eles". Mude e pergunte-se: "Que tipo de presente ele/ela adoraria ganhar?".

8 **Reúna a família:** Faça contato com os parentes que você raramente encontra. Vá em frente, encare esse desafio. Esse talvez seja o único momento em que a família estará reunida, com exceção dos casamentos e dos enterros.

9 **Junte lembranças para partilhar com os irmãos:** Na infância, você dividiu momentos especiais com eles. Essas recordações são uma oportunidade excepcional de juntar lembranças, diários e álbuns com fotos para, no futuro, ter um verdadeiro sentido apenas para vocês.

10 Diga a eles o quanto você os ama: Dizer "Eu amo/adoro você" a um membro da família pode ser um tremendo desafio se você não estiver acostumado mas, como eu disse antes: você conhece alguém que não goste de ouvir essas palavras? Compartilhe seu amor verbalmente.

A perda de uma pessoa querida

A morte é um fato inevitável. Será que o estilo *mude* pode ajudá-lo nesses momentos? Acredito que sim. Creio que, em geral, nosso próprio estilo *mude* de pensar passa a agir naturalmente num período como este. Lembramos as coisas que valorizávamos naquela pessoa, nos aproximamos dos outros, demonstramos compaixão e preocupação.

Durante o processo de luto, muitas pessoas se sentem culpadas. Talvez se deem conta de que não tiveram qualquer contato com determinada pessoa durante algum tempo. Pode ser que coisas tenham deixado de ser ditas ou então elas poderiam ter dedicado mais tempo àquele relacionamento.

O luto é um processo natural e completamente dentro das expectativas. Algumas pessoas talvez deem a impressão de estar lidando muito bem com a perda de um ente querido mediante a recusa de viver o luto. Esse sentimento, porém, se manifestará de outras maneiras. Existem três níveis de luto.

- **Nível 1 O choque:** Em geral, ao deparar com a experiência da morte de uma pessoa querida, as pessoas se sentem chocadas e são tomadas pela descrença. Isso pode durar algumas horas, dias ou até mesmo semanas. Nesse momento, o sofrimento surge em ondas, que em geral são provocadas por estímulos emocionais.

Ao perder um parente próximo, talvez seja muito difícil encontrar tempo para realmente viver o luto. Isso porque há detalhes práticos que precisam de atenção, gente que lhe fará visitas, e tudo isso acontecendo sem que a pessoa que normalmente lhe dá apoio esteja presente. Esse é um momento em que você pode *mudar* e pedir às pessoas para ficar sozinho e viver seu luto.

- **Nível 2 O confronto:** Neste estágio, o sentimento de perda é grande e parece lhe faltar capacidade para lidar com a situação. As pessoas lidam com isso de diversos modos. Têm dificuldade para dormir ou comer, vivem buscando motivos para justificar a perda, evitam socializar-se, sentem-se culpadas e talvez expressem sua raiva em relação às coisas que os outros possuem. Esse momento de reclusão é de fato muito importante para *mudar* novamente e, agora, aceitar o apoio que lhe é oferecido.
- **Nível 3 A aceitação:** A capacidade de passar a aceitar a perda mostra que a pessoa começa a lidar bem com a situação. Assim como nos demais níveis, isso não ocorre de modo instantâneo, mas há atitudes que podem conduzi-lo mais rapidamente até este nível.
- Demonstre seus sentimentos. Permita-se chorar.
- Dê espaço a seus sentimentos de dor e de perda.
- Procure apoio. Existem pessoas dispostas a ajudar. Deixe que elas o façam.
- Mantenha sua antiga rotina, na medida do possível. É importante preservar um sentimento de segurança e, em alguma medida, a normalidade.
- Reconheça sua natureza humana quando estiver passando pela experiência da dor.

- Preserve sua saúde, cuide-se bem e evite o excesso de autoindulgência.
- Perdoe a si mesmo pelas coisas que disse, e também pelas coisas que não disse ou deixou de fazer.
- Faça pausas durante o período de luto. Não é necessário viver em luto constante para poder superá-lo.
- Prepare-se para a celebração de datas e de ocasiões especiais. Decida com antecedência como fará a celebração.

A perda de uma pessoa querida é um assunto bastante desafiador para ser abordado em um livro de características positivas, com o claro objetivo de fazê-lo tirar proveito do que há de melhor em toda e qualquer situação. Considerei que era importante tratar disso agora, assim, quando chegar o momento (em um futuro distante, assim esperamos) e você precisar dessas informações, será capaz de lidar melhor com a situação.

Espero ter estimulado-o a perceber que é *capaz de estabelecer ligações e relacionamentos incríveis e intensificar o que há de melhor dentro de si.* Ou, então, pode cruzar os braços e deixar que as coisas lhe aconteçam.

Dica de mudança
Os amigos e a família definem os moldes de quem somos e do que será de nós no futuro.

Minha esperança é que, ao ler este capítulo, você tenha optado por obter o que há de melhor em cada relacionamento. Você precisará deles ao longo da vida, assim como essas pessoas precisarão de você. Essa é apenas uma das várias razões pelas quais você deve estar em sua melhor forma. É hora de...

4

Mudar em relação à saúde

Antes de começarmos, é bom deixar alguns pontos totalmente claros.

- Não sou médico.
- Não tenho qualquer formação na área médica.
- Não tenho respostas para todas as perguntas.
- Muitas vezes entro em conflito com meu próprio peso.
- Não sei por que as ideias apresentadas neste capítulo dão certo – isso simplesmente acontece.

Nunca me senti melhor, em ótima forma e tão saudável como me sinto hoje, devido a uma filosofia simples compartilhada comigo pela Dra. Fiona Ellis: coma bem, pense bem, movimente-se bem.

O universo da saúde e da assistência médica é a maior e mais complexa área do conhecimento humano. Investe-se muito no desenvolvimento de novas drogas e em novos tratamentos na busca das causas das doenças. E muito também se gasta na prevenção de tais doenças.

Impossível deixar de pensar que, se alguém revertesse esse raciocínio com o estilo *mude*, teríamos uma sociedade mais saudável.

Neste capítulo, gostaria de contestar algumas crenças comuns a respeito da saúde e compartilhar algumas descobertas da minha busca por uma total vitalidade.

Como você está se sentindo?

Agora, enquanto você lê estas linhas, como poderia descrever o modo como se sente? Imagine-se em pé, diante de um espelho: como está se sentindo? A seguir, imagine-se subindo numa série de balanças. E agora, como se sente? Infelizmente, quando as pessoas têm de responder como estão se sentindo, sempre pensam primeiro na aparência e no peso.

Muito já foi escrito sobre o porquê de pensarmos assim. Portanto, deixarei que você mesmo reflita sobre o assunto. Na verdade, o objetivo deste capítulo é a busca de maneiras mais eficazes de se sentir bem em relação a si mesmo e à saúde, buscando por um bem-estar constante.

É hora de ter um corpo saudável

O.k., fanáticos pela boa forma física, estão prontos? Sim? Então, é hora de...

PARAR, desacelerar, respirar fundo e relaxar. Você realmente pensou que eu fosse lhe sugerir um programa que o preparasse para enfrentar uma maratona daqui a um mês? Ora, a ideia deste livro é *mudar*! Nosso estilo aqui é outro.

Acredito fervorosamente que se você quiser ter um corpo saudável terá de começar por uma mente saudável. *Mude* e comece pelo plano interior.

Aprender a relaxar de forma adequada exige a mesma dedicação do preparo para uma maratona. A única diferença é que você usará outro tipo de músculo. Muitos associam o relaxamento a sentar-se diante da tevê, entregar-se à inércia total, a tornar-se uma pessoa largada. Mesmo que haja espaço para esse tipo de diversão, não é necessário ler um livro para descobrir como aperfeiçoá-la!

Desafio você a aprender a *relaxar adequadamente* e, enquanto estiver nesse estado maravilhoso, usá-lo como ponto de partida para atingir a saúde e a vitalidade perfeitas. Assim, estará muito mais inclinado a fazer aquilo que sabe que precisa fazer. Encontrará tempo para isso e se sentirá feliz com o processo todo.

Como relaxar de modo adequado

1. Reserve 15 minutos de seu dia. Sim, isso é possível: não assista ao telejornal, levante 15 minutos mais cedo, falte a uma reunião. Se realmente quiser, você encontrará 15 minutos.
2. Escolha um lugar onde você não será incomodado. Desligue seus telefones, feche as janelas etc.
3. Caso não se sinta confortável com o silêncio, coloque um CD relaxante para tocar. Recomendo *White Island*, de Michael Heppell. É muito bom!
4. Permaneça sentado. Se deitar, seu cérebro entenderá a mensagem de que você pretende tirar uma soneca, o que seria bom, mas não é esse o objetivo.
5. Respire profundamente duas vezes e feche os olhos.
6. Concentre-se em relaxar sua respiração, desacelerando-a.
7. Ao dar início ao relaxamento, concentre a mente em ideias, sons e imagens relaxantes.
8. À medida que estiver cada vez mais relaxado, concentre-se neste sentimento maravilhoso que é o estado de relaxamento.

9. Se sua mente começar a divagar, aceite o movimento criativo que ela faz mas retorne ao relaxamento.
10. Quando estiver relaxado, perceba-se transformando-se numa pessoa em forma e mais saudável. Visualize-se fazendo boas escolhas, ativo e com saúde e energia vibrantes.
11. Quando sentir que é a hora, conte lentamente de um a cinco e, a cada número, perceba-se cada vez mais alerta.
12. Chegando ao número 5, abra os olhos, faça um leve alongamento e aprecie o sentimento de completo relaxamento que acaba de criar.

Um relaxamento adequado requer disciplina e prática, mas os resultados são fantásticos. Esta é uma daquelas coisas que sabemos que são necessárias, mas para as quais geralmente não encontramos tempo. Bem, que tal perder o telejornal ou uma das novelas?

O **relaxamento profundo** é um elemento fundamental para ter uma **saúde fantástica**.

Hora de fazer aquela corrida? Bem, não exatamente. Sim, acelerar seus batimentos cardíacos é uma parte vital do estilo *mude*, mas isso você já sabia. Eu me pergunto, então, se você já estava ciente da importância do alongamento para uma saúde perfeita.

Ao alongar-se apenas algumas vezes por semana, você:

- fortalece os músculos;
- desenvolve a coordenação;

Mudar em relação à saúde

- aumenta a amplitude de seus movimentos;
- melhora a circulação;
- lubrifica as articulações;
- expande seus níveis de energia.

O alongamento também pode ser feito em praticamente qualquer lugar, e certamente é econômico!

Com esse exercício você não precisa iniciar uma corrida nem se matricular numa academia de ginástica, nem gastar uma pequena fortuna para já começar a se sentir mais saudável e mais feliz.

Como se sentir bem com seus "pneus"

Muitas pessoas são tomadas pela preocupação, pela ansiedade e pela depressão devido a crenças equivocadas em relação à imagem de si. Também li artigos sobre a imagem do corpo e sei perfeitamente bem (no nível intelectual) que os rapazes que aparecem na revista *Men's Health* fazem parte de uma minoria ínfima de pessoas cuja fisiologia lhes permite ter aquele tipo de corpo. E eu poderia encontrar inúmeros motivos para me recriminar ao ver o reflexo de meu próprio corpo. Quando você se olha no espelho, o desafio é:

seu olhar está centrado exatamente em quê? Isso mesmo. Ele está centrado naquilo que há de errado com seu corpo.

Aqui está um grande desafio do estilo *mude*. Na próxima vez em que se olhar no espelho vestido com suas melhores roupas, esperimente encontrar três coisas de que gosta em si mesmo. Sim, trata-se de um desafio bastante importante.

É hora de buscar aquilo que é certo.

Dica de mudança
Você nunca se sentirá completamente saudável até aprender a apreciar a ótima forma que seu corpo tem, neste momento.

E então, hora da corrida?

Bem, poderia ser – se você tivesse energia para tanto. Aposto que você conhece alguém que tenha a estranha (e terrivelmente frustrante) capacidade de levantar-se cedo e sair para uma caminhada de sete quilômetros antes do café da manhã. Por favor, pare de dizer ao resto do mundo que você faz isso. Compartilhe, sim, como você faz isso.

Saiba o que a maioria das pessoas faz ao começar uma rotina de exercícios: decidem colocar o corpo em forma, e que desta vez será diferente. Começam num fim de semana. Saem para correr. Sentem-se bem. Matriculam-se numa academia. Recebem uma avaliação do instrutor. Desta vez será diferente.

Chega a terça-feira. Passam por um dia infernal. Pulam um dia de corrida. Há coisas demais para fazer. De repente, percebem que há uma semana não vão à academia. Precisam começar tudo novamente. Sentem-se mal em relação à sua falta de compromisso. Abandonam tudo.

Há um momento-chave no meio desse processo, que marca o início da derrocada, e ele acontece perto do estágio do "dia infernal". *É quase como se fôssemos subconscientemente pré-programados para encontrar um pretexto para não continuar.* Quando o pretexto surge, bingo! O seu subconsciente tinha razão, e tem início o fracasso.

Na próxima vez, será diferente.

Bem, se **desta vez** vai ser **diferente**, então é melhor começar a **pensar de um modo diferente**.

Aqui estão sete ideias para fazer "desta vez" ser diferente.

1. Anote seus objetivos num papel. Olhe para a lista todas as manhãs e todas as noites, e visualize-a claramente no momento em que praticar seu relaxamento.
2. Exercite o músculo da "verdadeira disposição". Não diga que irá à academia cinco vezes na semana quando o máximo que consegue é três. Comprometa-se apenas com aquilo que sabe que pode cumprir e trabalhe este "músculo" juntamente com os demais.
3. Faça seu compromisso ser visual. Mantenha seus tênis na porta de entrada de casa. Faça uma cópia de sua lista de

objetivos e guarde-a na carteira ou na bolsa. Mantenha seu kit de ginástica limpo e pronto para ser usado.
4. Agende suas sessões de exercício do mesmo modo que faria com qualquer outro compromisso importante e anote-as em sua agenda. Em um mural, anote o que conseguiu alcançar em cada sessão de exercício.
5. Se puder pagar, contrate um *personal trainer* profissional. Evite contratar uma pessoa que por acaso é um companheiro de academia, a quem você pagará uma quantia considerável para que ele leia revistas sobre a saúde do corpo enquanto faz a contagem dos movimentos em sua série de exercícios.
6. Crie um sistema de recompensas e um de punições que possam servir de estímulo.
7. Elimine a palavra "cansado(a)" de seu vocabulário. Em vez dela, use expressões como "Está me faltando um pouco de energia" ou "Estou precisando de energia".

A razão número 1 que lhe impede de fazer exercícios é a crença de que está cansado(a) demais seguida pela crença de que não tem tempo. Por isso, é fundamental reservar um tempo para o exercício, marcando-o na agenda.

Outra razão: as pessoas acreditam que são necessárias várias horas de exercício para manter a forma e perder peso. Não é verdade. Quando encontrei Paul Mort, da academia Precision Fitness, minha opinião sobre isso mudou em definitivo. Ele me perguntou: "Michael, de quanto tempo você dispõe para fazer exercícios?". Respondi que isso variava: "Se eu estou em casa, tenho mais tempo, mas quando estou em viagens, não muito". Não se trata de uma crença interessante e limitadora?

Paul me mostrou como *mudar*, demonstrando que uma série de cinco minutos de exercícios – queimando calorias e trabalhando músculos do corpo todo – pode ser feita em um quarto de hotel, sem qualquer necessidade de equipamentos. Ele então perguntou, com um leve tom de sarcasmo: "Você consegue incluir esta série em sua 'agenda lotada'?".

Cansaço é uma questão de mentalidade.

Não importa o **quanto você se sente cansado:** em **99,9% dos casos**, seu corpo ainda guarda **energia suficiente** para uma **série de exercícios decente**.

E o que é melhor: terminada a série de exercícios, você terá a sensação de muita energia.

Mude!

> **O estilo *mude* de criação de energia**
>
> Veja como é possível mudar e instantaneamente passar de "cansado" para "enérgico".
>
> 1. Aceite o fato de que a palavra "cansado" reflete apenas uma mentalidade, não uma condição física.
> 2. Mude o seu vocabulário. Elimine a palavra "cansado" dizendo a si mesmo que seria bom se tivesse mais energia.
> 3. Comece a se movimentar, mesmo que seja apenas para ficar em pé.
> 4. Beba água.
> 5. Deixe seu kit preparado – no momento em que começar a se preparar para os exercícios, sentirá que tem uma energia maior.
> 6. Diga a si mesmo que começará com doses pequenas – cinco ou dez minutos diários, e então avalie como se sente.
> 7. Comece.

Uma rápida verificação

Você começou pela parte mais importante: uma mente saudável. Já sabe como relaxar, como concentrar-se para aumentar a autoconfiança, tem clareza sobre o que deve fazer para começar e reconhece que o cansaço não passa de uma questão de mentalidade.

E agora, o que fazer?

Aqui está o melhor guia (em minha opinião) para queimar calorias e manter-se em forma (baseado em rápidas pesquisas na área médica e compartilhado aqui somente porque funciona em meu caso).

- **Dê o primeiro passo:** Não importa como, mas comece. A espera pela matrícula na academia, pelo programa de exercícios perfeito ou por uma solução metabólica feita sob medida para você não passa de uma desculpa para não se movimentar.
- **Busque a variação:** Encontrei um senhor de 80 anos que era capaz de fazer 200 flexões. O problema: este era o único tipo de exercício que ele sabia fazer. Você irá deparar com *experts* que alegam que o método deles é o melhor ou o único para manter-se em forma. Recomendo que você teste vários deles até encontrar o tipo de exercício que lhe agrada mais e que funciona em seu caso particular.

Numa semana típica, posso fazer uma corrida de 10 km e uma de 4 km, acompanhar a série de exercícios em DVD de Davina McCall (brilhante, e minha predileta) e dois ou três exercícios da série de Paul Mort, a fim de queimar calorias. Se tenho bastante tempo livre, minha sessão leva de 30 a 45 minutos. Se estou com pressa, faço cinco minutos.

- **Exercite-se ao lado de alguém:** Sempre faço isso ao lado de minha esposa. Eu a estimulo e ela certamente me motiva. Quem mais pode lhe dar uma dura se você decidir pular um dia?
- **Faça alongamentos:** Eu não gostava de me alongar, achava isso uma perda de tempo. À medida que fui melhorando minha forma física e meus músculos cresciam, fui colecionando pequenas contusões. Isso parou de acontecer quando aprendi a me alongar da maneira correta.
- **Mantenha a postura:** Ter uma postura adequada irá melhorar

todos os aspectos de sua vida. Marque uma consulta com um osteopata ou um quiroprata e pergunte a eles o porquê.
- **Beba muita água:** Comece bebendo 1,5 litro por dia. Fazer exercícios quando o corpo está desidratado provoca um desgaste desnecessário para o organismo.
- **A alimentação consiste em 80%:** Por mais que eu tenha exaltado os benefícios do exercício físico, lembre-se de que cerca de 80% do ganho ou da perda de peso deve-se à alimentação.

Dica de mudança
Não é incrível que sempre encontramos tempo para comer, mas nunca para fazer atividades físicas?

Lidando com a doença

Sente-se em forma? Saudável? Ótimo. Chegou a hora, mais uma vez, de mudar e pensar no que fazer quando não está se sentindo bem. Na verdade, é somente quando adoece que você se dá conta da maravilha que é ter um corpo saudável. Algumas pessoas estão sempre bem, outras parecem ser acometidas de todos os tipos de doença que existem. Será isso uma questão de mentalidade? Será possível atrair uma doença só de pensar nela?

Conheço duas pessoas que são hipocondríacas. Percebi que elas parecem ter algo em comum. Quando não se sentem bem, conseguem atrair a compaixão alheia. Notei, na verdade, no caso de uma delas, que seus filhos também se tornaram hipocondríacos e que, quando não se sentiam bem, também atraíam mais a atenção alheia, do mesmo modo que acontecia com a mãe. Não é curioso?

Você concorda que algumas pessoas são capazes de atrair doenças, que reagem a elas de maneira negativa, podendo até mesmo criar uma doença por meio do pensamento?

Fico um pouco constrangido em lhe contar esta história, mas, há muitos anos, eu e um grupo de colegas decidimos testar essa teoria com uma colega de trabalho. Nossa previsão era a de que poderíamos fazê-la ficar doente apenas convencendo-a de que ela não se sentia bem.

O truque era simples. Todos começaram a dizer que ela estava com péssima aparência e, se ela mostrasse alguma reação, lhe contávamos histórias sobre vírus que andavam circulando etc. Tudo começou com uma recepcionista, que lhe perguntou se ela "estava se sentindo melhor". Foi uma sacada, já que ela nem sequer dissera que se sentiu mal! Dali em diante, durante uma hora, vários fizeram comentários sobre sua palidez, perguntando se ela se sentia bem, sempre usando palavras e expressões como "doente" e "nada bem". Uma colega chegou a tocar-lhe a testa, persuadindo-a de que estava com febre.

Na hora do almoço, ela já estava em casa, sentindo-se verdadeiramente doente, pálida e com 38,8 °C de febre.

Se alguém é capaz de fazer você **adoecer**, no momento em que se sente doente **você consegue mudar** e sentir-se **saudável novamente**? A resposta é **um sonoro sim**!

Mude!

Certa vez, deparei com uma resposta brilhante de uma amiga que pegou um forte resfriado. Em vez de concordar com o diagnóstico, ela disse: "Sim, estou em processo de purificação". Não sei se sua intenção foi de fato dizer uma frase tão brilhante, mas ela disse. Quando você pega um resfriado, está com coriza e expectorando sabe Deus o quê, e tem a sensação de estar passando por uma tortura medieval, então é exatamente isso que seu corpo faz: livra-se das impurezas que o poluem.

Tenho muita sorte de estar sempre bem. Na verdade, toda vez que alguém começa a falar de doenças sempre digo pelo menos três vezes: "Estou sempre bem". Esta é uma mensagem que envio ao subconsciente e ao sistema imunológico, e ela sempre funciona.

"Estou sempre bem."
"Estou sempre bem."
"Estou sempre bem."

Mas e se você realmente acabar adoecendo? A maior parte das pessoas acredita que, se estão doentes, não há muito a ser feito além de deixar que o tempo ou os remédios tragam a cura. Penso que você deve *mudar* e assumir a responsabilidade pela recuperação da sua saúde o mais rápido possível.

A seguir, uma lista de 17 atitudes que você pode tomar se estiver doente e quiser recuperar a saúde mais rapidamente.

1. **Confie em si mesmo e ouça os sinais de seu corpo:** Se o corpo está lhe dizendo que você precisa comer/beber algo, faça isso. Se está dizendo o contrário, obedeça. Às vezes, o corpo pode estar precisando de repouso completo e está lhe dizendo para não comer nada. Tanto a família quanto

os amigos começam a se preocupar, dizendo que "você não está comendo", e exageram na situação num momento em que você de fato não precisa de comida, apenas de água. Ouça seu corpo e confie em sua intuição.

2. **Elimine as emoções negativas e pare de se preocupar:** Reconheço que isso talvez seja difícil quando sua negatividade e seu hábito de se preocupar – um péssimo hábito, mas que lhe mantém entretido – acabam sendo uma maneira eficiente de apegar-se à doença.

3. **Não antecipe efeitos colaterais ou sentimentos de dor:** As empresas farmacêuticas são obrigadas, por lei, a informar sobre quaisquer efeitos colaterais que um remédio pode causar. No entanto, pesquisas mostram que, se você souber que um medicamento tem determinado efeito colateral, cresce a probabilidade de que o sentirá; as chances são maiores do que se você ignorasse tal informação. Incrível, não? Para você ver como sua brilhante mente é poderosa. Portanto, faça o remédio surtir efeito para você e *mude*. Diga a si mesmo: "Estes efeitos colaterais não vão me afetar!".

4. **Aceite o fato de que é possível mudar:** Algumas pessoas creem que terão de conviver com a dor ou a doença pelo resto da vida. Se seu corpo renova as células a cada minuto você consegue aceitar a ideia de que também é capaz de mudá-lo e, consequentemente, o modo como se sente?

5. **Concentre-se em sentir-se melhor:** Isso pode soar óbvio, mas muitas pessoas, quando adoecem, mantêm seu foco na doença e, ao fazê-lo, a prolongam. Quando você muda seu foco, concentrando-se na melhora dos sintomas, se recupera mais rapidamente.

6. **Acredite no tratamento médico:** Inúmeros estudos indicam que há uma melhor resposta aos tratamentos quando se acredita em sua eficácia. Imagine seu corpo reagindo bem a qualquer tratamento a que tiver de se submeter e isso acontecerá.
7. **Concentre-se em coisas que lhe dão energia:** Durante a fase em que você não se sente bem, seu corpo precisa canalizar a energia na direção da melhora dos sintomas. Você pode ajudá-lo a fazer isso concentrando-se em coisas que lhe dão energia. Se estiver descansando, ainda assim pode se imaginar praticando esportes, respirando ar puro, em férias, de volta ao estado de plena saúde etc.
8. **Coloque-se no controle da situação:** As pessoas que passaram por alguma doença normalmente relatam que "não se sentiam no controle da situação". Os "profissionais" pareciam entender mais do que elas, aconteciam coisas que elas não compreendiam e elas se sentiam confusas ou com vergonha de fazer perguntas. Mas você é a pessoa mais importante no mundo. Então, não se preocupe em parecer tola, nem ache que está incomodando. Faça todas as perguntas de que precisar para entender tudo o que está se passando com você, então poderá decidir o que é melhor fazer. Sim, de fato, você sabe mais do que qualquer um! E, se alguém quiser fazê-lo mudar de ideia, avalie bem antes de chegar a alguma conclusão.
9. **Não mantenha o foco na dor:** Mais uma vez, não é fácil. Mas se você sente dor num determinado local, procure voltar sua atenção para outras partes sadias do corpo. Ao retirar o foco de atenção do desconforto você reduzirá a intensidade da dor que está sentindo.

10. **Imagine que você tem um sólido sistema imunológico:** Visualize o corpo combatendo a infecção, veja-o reagir de maneira corajosa e forte. Adote uma visão microscópica e imagine as astuciosas células sendo destruídas e a doença sendo eliminada. Crie, assim, um brilhante sistema de defesa para mantê-lo saudável. Imagine-se como um computador e baixe um programa de antivírus.
11. **Não construa a autoimagem de uma pessoa doente:** Isso nos remete ao caso de minha amiga que passava por um "processo de purificação". Ao pensar na purificação em vez do resfriado ela se sentiu melhor e se recuperou mais rapidamente.
12. **Compreenda que, às vezes, tudo está na mente:** Sua mente é realmente incrível, mas às vezes ela lhe prega peças terríveis. Algumas pessoas transformam uma simples pontada de dor numa doença séria. Ao "fazer o *upgrade*" de males como este, você reduzirá drasticamente suas chances de recuperação.

A "gripe masculina" é um exemplo clássico de como um homem pode se aproveitar de um resfriado para transformá-lo numa experiência à beira da morte. Só perde para os jogadores de futebol da Série A, que armam uma cena cinematográfica de sofrimento ao serem derrubados na grande área. A questão é: se você exagera a dor que está sentindo poderá passar a sentir aquilo que imaginou.

13. **Concentre-se no aspecto positivo:** Qual é o lado bom de tudo isso? Você tem uma cama confortável, pessoas que se preocupam com você e um dia de folga no trabalho para se recuperar. Buscar o lado positivo – por mais difícil que isso

possa parecer – o deixará animado e ajudará na recuperação. Um alerta: não centre seu foco nas vantagens de estar doente quando você se sentir saudável.

14. **Transforme sua própria linguagem:** Logo no início deste livro, falei sobre o poder da linguagem. Se você continuar dizendo aos outros (e a si próprio) o quanto se sente doente, realmente ficará. Dizer "Eu poderia estar me sentindo melhor" ou "Estou me esforçando para ficar saudável" levará a resultados muito mais eficazes.

15. **Elogie a si mesmo:** "Estou indo bem, não?", "Boa aparência a minha!", "Tenho sorte de ser uma pessoa feliz", "Me sinto melhor a cada dia que passa". Há inúmeras coisas que você pode dizer a respeito de si mesmo em vez de olhar-se no espelho e dizer "Que aparência horrível!".

16. **Alimente sempre a melhor das expectativas:** "O médico disse que eu talvez precisasse de uma semana de cama", disse Samantha após a visita de seu médico em casa. Sete dias depois, ela melhorou. Me pergunto por quanto tempo ela teria ficado confinada se o médico tivesse determinado que ela ficasse de cama durante apenas dois dias.

Simon, um amigo de infância, recebeu a notícia de que morreria antes de entrar na adolescência. Essa estimativa foi alterada para 20 anos de idade quando ele completou 15. Simon completou seu 40º aniversário e espera sempre o melhor.

17. **Sorria:** Ao sorrir, você envia uma clara mensagem fisiológica ao cérebro de que as coisas vão bem – muito bem. Nesse momento, o cérebro libera as drogas da felicidade (endorfinas). Esses neurotransmissores químicos facilitam

as coisas para que você sorria e seja feliz. Quando você sorri e está feliz o cérebro libera as drogas da felicidade, e assim continua o ciclo. Não espere por um bom motivo: sorria pelo mero prazer de sorrir.

Dica de mudança
"A dor de cabeça não é resultado do mau funcionamento da aspirina." (Mark Tough)

Mude ainda mais para ter uma saúde perfeita
Meu amigo Mark Tough, da Lifephorce, diz: "A dor de cabeça não é resultado do mau funcionamento da aspirina". Ele tem razão. Hoje, pensamos do seguinte modo: "Não me sinto bem, então vou tomar algo para reparar esse mal". A indústria farmacêutica ganha muito dinheiro com isso. Mas e se você *mudasse*, concentrando-se em não se "quebrar"?

A **dor de cabeça** que você sente não será apenas um sinal de **desidratação**?

Na próxima vez em que pressentir a aproximação de uma dor de cabeça, tente beber um copo de água antes de dirigir-se ao armário dos remédios. Se perceber que essa dor tem sido frequente, reduza drasticamente a quantidade de cafeína e aumente de modo significativo a quantidade de água.

Uma das descobertas mais brilhantes, capazes de "reparar" o corpo, se deu quando eu soube de um novo modo de tratar a indigestão. Eu tinha crises quase diárias e, na tentativa de tratar a dor, engolia todo tipo de cápsulas para indigestão. Fiz isso até o dia em que resolvi adotar a dieta *mude* e descobri o vinagre de maçã. É bem provável que você esteja pensando, como aconteceu comigo, que a última coisa que tomaria ao sofrer de indigestão seria vinagre de maçã.

Caso você esteja lendo esse trecho sem ter reparado na advertência feita no início do capítulo, aqui vai ela novamente: não sou médico, não tenho qualquer formação na área médica e minha teoria sobre o porquê dessas coisas funcionarem é mera especulação. Porém, se você sofre de indigestão, refluxo, azia ou seja lá qual for o nome dado a esse mal, talvez queira experimentar isso. Quando tiver problemas com digestão, simplesmente beba uma colher de chá de vinagre de maçã orgânico; em segundos, o incômodo terá passado.

A teoria simples que uso para explicar o porquê de isso funcionar é que o corpo está tentando produzir uma quantidade extra de ácido para compensar tudo o que você usou para alimentá-lo nas horas anteriores. Assim que você bebe o vinagre de maçã, seu organismo diz: "O.k., já tenho ácido suficiente. Não preciso de mais".

Desde então, descobri que o velho vinagre de maçã tem ainda outros benefícios para a saúde, mas deixarei que você os pesquise por conta própria.

"Mudar em relação à saúde" poderia representar 90% deste livro, mas meu espaço está acabando e não posso partilhar tudo o que gostaria. Resta-me sugerir a você que pare de visualizar a si mesmo como uma pessoa frágil à medida que envelhece. *Mude* e imagine-se cada vez mais forte com o passar dos anos.

Até mesmo algumas das mais simples ideias do estilo *mude*, como ajustar levemente o espelho retrovisor do carro – de modo a ter de sentar ereto para poder usá-lo e, assim, melhorar sua postura –, podem exigir explicações demais.

"Mudar em relação à saúde" é um capítulo com a intenção de inspirá-lo a agir, a fazer algumas coisas simples para ter uma vida completamente saudável. Um brinde à mudança em direção à saúde plena!

Se lhe pedissem para escolher entre saúde ou riqueza, qual você escolheria? A resposta no estilo *mude* é: você pode ter ambas! É hora de...

5

Mudar em relação ao dinheiro

O sucesso pode ser medido por meio de muitas coisas. Há quem o meça pela quantidade de dinheiro que possui. Embora eu não endosse totalmente essa ideia, realmente acredito que uma forma de medir o sucesso é a capacidade de ganhar dinheiro e de criar riquezas.

Antes de tudo, remunere a si mesmo

Quanto mais analiso os casos de pessoas prósperas e felizes, mais fica claro que elas usam o estilo *mude* de pensar para obter suas riquezas. Isso tudo começa com uma mentalidade simples que os ricos denominam de: "antes de tudo, remunere a si mesmo".

No momento em que descobri essa mentalidade, imaginei que seu significado fosse: eu separaria uma porcentagem de minha renda, a cada mês, antes de pagar as contas, e a usaria, antes de fazer qualquer outra coisa, para comprar presentes para mim mesmo e me sentir melhor. Eu estava parcialmente certo. Sim, a ideia é realmente separar uma porcentagem de sua renda mensal antes de fazer qualquer pagamento, mas para poupar. *Todos os meses, entra mês, sai mês, sem falhar.*

Se você está lendo esse trecho e o que você ganha é exatamente o necessário para pagar as contas mensais, provavelmente estará pensando: "Quando eu ganhar mais, começarei a poupar" ou "Quando eu conseguir liquidar uma quantidade maior de contas, então vou começar a poupar". Se esse for o seu caso, você precisa *mudar agora mesmo e criar um novo sistema de crenças, caso queira ser uma pessoa rica.*

Acredito, de verdade, que a maioria das pessoas que gastam tudo o que recebem seria capaz de usar esse sistema simples para começar a trilhar o caminho da prosperidade.

- **Passo 1** Encontre maneiras de reduzir suas despesas em pelo menos 10%.
- **Passo 2** Encontre o melhor tipo de poupança ou aplicação financeira para você.
- **Passo 3** Determine uma quantia a ser debitada automaticamente de sua conta (10% é um bom início) e creditada em sua conta-poupança no dia de seu pagamento.
- **Passo 4** Após um ano, reavalie essa quantia e veja se consegue poupar uma porcentagem maior.
- **Passo 5** Faça o reinvestimento dos juros que ganhou.

Tenho plena certeza de que, a essa altura, muitos leitores terão problemas com o Passo 1. A maioria das pessoas não aprendeu noções adequadas de gerenciamento financeiro. Nossa atitude tem sido "gaste agora e pague mais tarde". Isso funciona quando você pode controlar os pagamentos e está usando o dinheiro dos outros para obter lucros, mas, em muitos casos, o que ocorre é que simplesmente imaginamos ter necessidade de coisas que não nos fazem a menor falta.

Dica de mudança
Você já notou que carência e ganância têm o mesmo número de letras e quase rimam?

Meu amigo Christopher sempre foi esbanjador. Um belo dia (acho que foi em seu 50º aniversário) ele cismou que começaria a poupar. Passou a economizar de um modo maluco e, em questão de meses, poupou uma pequena fortuna. Quando lhe perguntei o que tinha mudado em suas práticas, respondeu que eram apenas coisas simples: "Apenas decidi fazer as coisas de modo diferente".

O que Christopher fez foi *mudar*, de mão-aberta a pão-duro. Uma das atitudes do estilo *mude* por ele testadas foi a do manuseio do dinheiro. Ele adorava andar com várias cédulas no bolso. Quando passou a ser econômico, tomou a decisão de sair de casa com apenas R$ 10 no bolso.

É **incrível** a quantidade de coisas que **não se pode** comprar quando se tem apenas R$ 10.

Existem ainda várias maneiras de economizar. Comprar produtos de marcas menos famosas, comer em restaurantes com menor frequência, renegociar as contas, adiar as férias, preparar o próprio almoço etc. Você sabe o que deve ser feito e chegou o momento de agir.

Vamos ganhar muito dinheiro

As pessoas que ganharam muito dinheiro geralmente dizem que adotam uma das seguintes maneiras de pensar. A primeira é que elas não tomaram, de fato, a decisão de ganhar dinheiro: o sucesso financeiro é apenas uma consequência de seus atos. A segunda é que, de início, elas tinham o objetivo de ganhar uma determinada quantia. Cabe a você escolher qual das duas funciona melhor em seu caso. Mas você deve escolher.

Muitos não têm estratégia ou objetivo definido em relação à quantidade de dinheiro que querem ganhar. Coincidentemente, a maioria das pessoas também não considera que está ganhando o suficiente!

Infelizmente, a única tática dessas pessoas se baseia numa crença equivocada de que os outros estão em débito com elas ou que, se ganhassem mais, fariam mais. A esperança delas é um dia ganhar na loteria. A história lhe soa familiar? Se a carapuça lhe serviu, então é melhor você se sentar, pois tenho más notícias. É muito improvável que isso tudo aconteça – especialmente ganhar na loteria.

O estilo *mude* de ganhar dinheiro

Mais uma vez, é hora de mudar e começar a formular perguntas mais eficazes. Aqui estão três delas, bastante simples.

- O que posso fazer agora mesmo para ganhar mais dinheiro?
- Como posso agregar algum valor?
- De quais recursos disponho?

No que diz respeito aos recursos, acho que você ficará surpreso com o que existe à sua disposição. A seguir está uma simples verificação. Assinale a alternativa que se aplica ao seu caso.

- Posso usar o computador. ☐
- Tenho mais de dez amigos. ☐
- Eu poderia trabalhar mais. ☐

Mudar em relação ao dinheiro

- Posso recorrer à minha criatividade. ☐
- Assisto à tevê mais de quatro horas por semana. ☐
- Sou capaz de produzir coisas. ☐
- Possuo um meio de transporte. ☐
- Tenho a mente aberta. ☐
- Estou disposto a trabalhar bastante. ☐
- Posso investir R$ 500 mensais em minha formação. ☐

Quantas dessas afirmações se aplicam em seu caso?

Ótimo, o mais importante já foi feito. O princípio de que é possível ganhar dinheiro deve ser colocado em prática antes de você efetivamente começar a ganhar dinheiro.

Você já tem uma lista de seus recursos. Ótimo. É hora de começar a flexionar seus músculos de autoconfiança para usá-los na área financeira.

Agora, procure ter clareza na tarefa de ganhar dinheiro. Para alguns esse dinheiro talvez represente uma pequena sobra para saldar uma dívida ou então para pagar um pequeno luxo; para outros, isso pode ser sinônimo de uma total segurança financeira. Registre agora mesmo, por escrito, a quantidade de renda extra que você pretende ganhar nos próximos 12 meses.

Dica de mudança
Aquilo em que você mais pensa é o que acabará obtendo. Pense que tem pouco dinheiro e acabará tendo menos ainda. Concentre-se nos recursos incríveis de que dispõe hoje, no valor que pode agregar a eles, nas inúmeras maneiras pelas quais pode produzir mais e acabará atraindo dinheiro.

Agora, só resta partir para a ação. Você sabe que, para ganhar dinheiro, é preciso agir, não é?

Devendo uma grande quantia

Como é que isso pode ser uma coisa boa? Dívidas em grande volume podem trazer estresse e problemas para os relacionamentos, o trabalho e a saúde. No mundo ideal, você não deve grandes quantias, e as dívidas que tem são facilmente administradas. Infelizmente, este não é o mundo ideal.

São muitas as pessoas que devem em demasia. Se esse é o seu caso, espero que o estilo *mude* possa ajudá-lo. Esta é apenas uma pequena seção do livro, com ideias simples; muitas outras podem ser encontradas em livros especializados, em centros de aconselhamento etc. Mas, já que você está aqui, vamos *mudar* e tentar tirar o melhor proveito dessa situação, usando uma metáfora relacionada à água.

- **Passo 1 Dinheiro é energia:** Sustente a crença de que dinheiro é energia, o que significa que ele fluirá para dentro e para fora de sua vida – como a água. Imagino que a dificuldade que você tem tido é que ele tem fluído para fora em quantidades muito maiores.
- **Passo 2 Construa um dique:** Um dique de dinheiro tem a função de represar a maior quantidade de dinheiro possível. Sim, é verdade que uma determinada quantia talvez possa vazar, mas sua tarefa é fazer cada fissura ser reparada, cada buraco ser tapado. Isso requer uma excelente organização, em que você saiba exatamente o que está fazendo com o dinheiro e com o planejamento. Também significa que não haverá desperdício – você sabia que gastamos até cerca de R$ 12.000 com compras por impulso, ao ano? Isso

lhe fará pensar, quando estiver incluindo aquela barra de chocolate em suas compras na banca de jornal.
- **Passo 3 Crie ventos favoráveis à navegação:** Uma das grandes dificuldades da situação em que se deve uma grande quantia é a crença de que o fluxo de dinheiro será interrompido, o que não ocorrerá. Portanto, esteja aberto à possibilidade de que o fluxo continuará e acredite que merece ganhá-lo. É essencial adotar essa postura.
- **Passo 4 Busque as pequenas vitórias:** Se tivesse de encher um copo, um balde e uma banheira, por qual dos três você começaria? Pelo copo, certamente. Ao obter uma pequena vitória, saldando uma pequena dívida, você ganhará impulso e, com isso, poderá acelerar seu sucesso.
- **Passo 5 Mantenha o registro dos ganhos e dos gastos:** À medida que for avançando nesse processo, registre o que entra e o que sai a cada estágio, o que conseguiu fazer e como se sente em relação a isso. Tal registro servirá de inspiração mais tarde e você ficará muito surpreso com o que terá conquistado em um período relativamente curto.
- **Passo 6 Faça o dinheiro trabalhar em seu favor:** A água está em toda parte e, no entanto, nós a compramos. Por quê? Porque as pessoas que sabem como manter reservas detêm o poder. Quando tiver saldado suas dívidas, aprenda a fazer o dinheiro trabalhar em seu favor.

Mude em relação aos investimentos

Muitos desperdiçam tempo e dinheiro culpando os outros pela situação em que se meteram. Aposto que você está satisfeito em não fazer parte desse grupo de pessoas. O objetivo por trás de todo e qualquer investimento é obter um retorno.

Seguem então algumas verdades simples a serem consideradas antes de começar a investir.

- **Verdade 1:** Lembre-se, tornar-se um grande investidor não tem a ver com níveis de renda. Isso começa com sua atitude em relação ao dinheiro.
- **Verdade 2:** Se você quiser se tornar um investidor, aprenda com as lições dadas pelos que sempre investiram. A primeira coisa que irá perceber é que eles sempre encontram uma maneira de investir, mesmo que seja uma pequena quantia – o investimento financeiro é, antes de tudo, uma maneira de pensar.
- **Verdade 3:** Procure sentir-se confortável com seu nível de risco. Como regra geral, pense o seguinte: se meu investimento for "seguro como um imóvel", você se sentirá confortável, mas não ganhará muito. Se parecer bom demais para ser verdade, é quase certo que realmente é!
- **Verdade 4:** Lembre-se de que dinheiro é uma energia que flui – para dentro e para fora. Isso sempre ocorrerá.
- **Verdade 5:** Haverá sempre aquelas pessoas cujos investimentos serão mais rentáveis do que os seus, alguém que identificou uma tendência antes de você e que tem a condição de investir muito mais do que você. Sorte delas.
- **Verdade 6:** Existem exceções para os itens acima.

A maioria das pessoas é capaz de poupar, mas poucas optam pelo investimento por uma das seguintes razões – ou por uma combinação delas.

1. Não sabem como fazê-lo.
2. Têm medo de fracassar.

3. Acham que não têm dinheiro suficiente para investir.

Por que investir?
"Não posso simplesmente comprar pagando no cartão de crédito ou pedir emprestado ao banco?". Sim, claro que pode, mas esta é a maneira de acabar arruinado financeiramente, como já foi provado de modo primoroso em 2008 por intermédio de empréstimos subprime, pela extensão dos limites de crédito e por algumas astuciosas estratégias adotadas por alguns dirigentes.

Se você não tem tal conhecimento, agora pode aprender!
Hoje mesmo você pode iniciar um curso sobre investimento, juntar-se a grupos e adquirir informações on-line. Existem dezenas de livros excelentes que ensinam como investir e tenho certeza de que você encontrará o mais apropriado para o seu caso. Sim, você cometerá erros, mas, honestamente, será que é capaz de cometer mais erros do que algumas poderosas instituições que supostamente "sabem tudo" sobre investimentos?

Medo de fracassar
O investimento pode parecer algo amedrontador, tanto que muitos temem os grandes riscos envolvidos. Assim, criam um sistema de crenças segundo o qual não devem começar até que saibam o suficiente, até terem determinada quantia, até que as condições do mercado financeiro sejam adequadas etc.

É claro que, na realidade, o investimento – se for abordado da maneira correta – não precisa envolver altos riscos, de forma alguma. Aqui está uma sugestão para iniciá-lo nesse processo e ajudá-lo a superar esse medo.

Imagine que você tem três barris empilhados. O barril do topo é de fácil acesso e é usado para as despesas do dia a dia. O segundo barril é para investimentos seguros e o terceiro (na base da pilha) representa seus investimentos de maior risco.

Sua tarefa é preencher os barris, começando do topo até a base. No barril do topo (o que lhe dá fácil acesso), você precisa ter dinheiro suficiente guardado para poder pagar o equivalente a três meses de despesas. Isso equivale, na verdade, às economias básicas.

Assim, se tiver um padrão de vida que lhe custa R$ 1.000 por mês, precisará ter R$ 3.000 neste barril. É razoável afirmar que, se você não tiver nenhum investimento, isso poderá lhe parecer um enorme desafio e não muito atraente, já que estará aplicando o dinheiro numa sociedade de crédito imobiliário de fácil acesso ou numa conta bancária, ou talvez maximizando um incentivo governamental com taxas vantajosas para poder economizar.

No entanto, uma vez preenchido este barril, qualquer excesso começará a vazar e cair em seu segundo barril. Isso inclui o dinheiro que você estava colocando dentro do primeiro barril antes de preenchê-lo, somado aos juros proporcionados pelo primeiro barril. Este barril deve conter o equivalente a 6–12 meses de salário. Esse dinheiro pode ser depositado em investimentos mais seguros, tais como empresas sólidas e lucrativas e com um excelente histórico de crescimento estável, imóveis e planos de investimento em conformidade com as leis.

Por fim, seu terceiro barril começará a ser preenchido com o excedente do sucesso proporcionado pelo segundo barril. Você pode usar isso para continuar investindo em áreas do segundo barril ou poderá fazer investimentos de maior risco. E o melhor de tudo: você pode gastar o excedente do terceiro barril!

Talvez leve muitos anos para preencher os três barris, mas o mais importante é começar. Se você não fizer isso agora, se arrependerá mais tarde.

Invista e invista novamente
Quando seus investimentos começarem a render, o segredo do negócio é reinvestir os juros que ganhou. Poderá ser tentador gastar o dinheiro desses juros. Você dirá coisas como: "Tive um bom desempenho, por isso mereço gastar esse dinheiro". É difícil, mas todos os grandes investidores reinvestem seus rendimentos a fim de criar portfólios de investimento altamente bem-sucedidos.

O porquê disso está em duas palavras mágicas: juros compostos. Você sabia que, se investir R$ 1.000 hoje, com juros anuais de 8% ao ano, terá R$ 46.902 ao final de um período de 50 anos? Isso pode lhe parecer um tempo longo demais (e uma taxa muito alta até que você se dê conta do que pode alcançar nesse período de 50 anos!).

No entanto, e se você mudar e tornar-se um excelente investidor? E se investir R$ 5.000 durante 30 anos, com um retorno de 20%? Terá conseguido R$ 1 milhão!

Quanto mais jovem você for, mais tempo terá para investir. Poderá se permitir cometer algumas gafes, mas, com o tempo, também terá maior retorno financeiro.

O "suficiente" equivale a quanto?
Se muitas pessoas julgam precisar de mais dinheiro antes de poder começar a investir, o que significa esse "suficiente"? R$ 100, R$ 1.000, R$ 10.000? Bem, acredito realmente que você pode começar a aprender mais sobre investimentos se tiver apenas R$ 200.

O mais importante de tudo é dar o primeiro passo em vez de esperar até que tenha o "suficiente". E, no momento em que tiver dinheiro o bastante, não arrisque perdê-lo fazendo investimentos errados, sem experiência.

"Regra nº 1: Nunca perca dinheiro.
Regra nº 2: Nunca se esqueça da regra nº 1."

Warren Buffett

Ter segurança financeira é algo excelente. Mas essa é apenas uma maneira de encarar o sucesso.
As verdadeiras conquistas podem ser medidas de diversas formas – é por isso que escrevi um capítulo especial, chamado...

6

Mudar para alcançar o sucesso

Em geral, tendemos a disfarçar nossos defeitos, esperando que ninguém os descubra. Vamos *mudar*, agindo justamente do modo contrário. O estilo *mude* de pensar propõe que você use seus defeitos e pontos fracos de uma maneira positiva. Potencialmente, eles podem ser transformados no segredo de seu sucesso.

Transformando os defeitos em sucesso

O que há de errado com você? Alto demais, baixo demais, gordo ou magro? Talvez se ache velho demais, jovem demais, ou que seus dentes são muito grandes.

Ao aprender como tirar proveito desse tipo de percepção negativa, você não apenas se sentirá melhor em relação a ela, mas logo se dará conta de que ela lhe proporciona alguns benefícios únicos.

Certa vez, entrevistei um rapaz muito alto para uma vaga de emprego. Era um jogador de basquete semiprofissional e, com seus 2,13 metros, causava uma forte impressão. Ele tinha consciência de que sua carreira no basquete era limitada e queria uma oportunidade na área de vendas. Lamentavelmente, assim que entrou na sala, parecia estar pedindo desculpas pela sua altura.

Dali a alguns minutos, fez menção a sua altura e insinuou que ela poderia ser um problema. "De jeito nenhum", eu disse, "na verdade, é um ponto altamente positivo. Você pode usar isso como um modo de quebrar o gelo", sugeri. "Por que não dizer: 'Antes de começar a usar as técnicas de Michael Heppell, eu media apenas 1,70 metro?'".

Dito e feito. Pode não ter sido uma de minhas melhores ideias, mas o fato é que ele valorizou muito sua qualidade mais preciosa, sua incrível altura. Eu sabia que ele poderia usá-la como um trunfo, mas lamentavelmente ele a via como um defeito.

Aqui está um desafio em sua busca pelo sucesso. Considere a característica que você julga ser seu maior defeito e pergunte-se de que modo pode mudar, usando-a para alcançar o sucesso. Isso não funcionará todas as vezes, mas você ficará surpreso com sua mudança de percepção em relação aos seus defeitos.

Faça uma pausa – desobedeça às regras

Não pise na grama! O.k., mas o que acontecerá se você fizer isso? Tenho um amigo que estimula os filhos a caminhar na grama sempre que depara com esse alerta. Irresponsável, não? Talvez, mas seu argumento é que ele quer que os filhos desobedeçam a algumas regras, de modo que não sintam que devem sempre fazer aquilo que os outros lhes dizem ser "correto". Quer que eles tomem suas próprias decisões e, futuramente, tenham a autoconfiança necessária para dizer não às drogas ou outras substâncias, mesmo se estiverem dentro de um ambiente em que todos os colegas estejam usando drogas.

A análise de pessoas bem-sucedidas em geral nos leva a perceber que elas também tendem a desobedecer a algumas regras a fim de obter diferentes resultados. O estilo *mude* de pensar e agir não significa dar um giro de 180º, necessariamente. Na verdade, uma pequena mudança pode ser o suficiente para obter resultados fantásticos.

Mudar para alcançar o sucesso

Em janeiro de 2005, Chad Hurley quis compartilhar alguns vídeos feitos por ele e alguns amigos em um jantar para convidados. Por e-mail, isso era impossível por causa do tamanho dos arquivos, e incorporar vídeos a websites não era uma prática tão fácil. Sem contar que ele teria de compartilhar senhas e códigos de *log in*. Hurley decidiu desobedecer às regras e criar um *uplink* de vídeo que poderia ser facilmente visto por qualquer pessoa. Tal método ganhou popularidade, e essa ideia maluca decolou. Menos de dois anos depois, ele vendeu sua empresa – o YouTube – ao Google, por US$ 1,65 bilhão.

Que tipo de coisas você **deixa de fazer** por medo de **desobedecer às regras**?

Mude!

O estilo *mude* de desobedecer às regras

Antes que você prossiga na leitura, quero lhe dizer que não assumirei nenhuma responsabilidade caso você use esta técnica e obtenha resultados inesperados. Mas o estimulo a flexionar seu "músculo do risco". Aqui vão algumas dicas.

- Altere seus horários. E se sua rotina de trabalho fosse diferente?
- Não assista ao telejornal (especialmente o local) durante um mês.
- Não selecione um candidato segundo testes psicotécnicos. Dê prioridade à sua capacidade de ser agradável e querido pelos demais.
- Desrespeite um prazo determinado (e peça um dia extra para a tarefa).
- Não beba quando todos os demais estiverem caindo na bebedeira.
- Cozinhe sem seguir nenhuma receita.
- Sorria com mais frequência.
- Pise na grama.

Dica de mudança

A desobediência às regras traz consequências, mas a obediência a elas também. Ao desobedecer às regras certas no momento certo você poderá descobrir um imenso potencial de sucesso que estava oculto.

A cura para o hábito de adiar

Sou campeão em adiar compromissos. Se isso fosse uma modalidade incluída nas Olimpíadas, tenho certeza de que traria a medalha de ouro – mesmo considerando que eu provavelmente me atrasaria para ir buscá-la. Quando você é naturalmente habilidoso em adiar como eu, precisa de algumas ferramentas e técnicas na manga para evitar esse hábito. Caso contrário, não conseguirá fazer nada.

O uso do estilo *mude* é um modo excelente de superar esse hábito, cumprir as tarefas e ser bem-sucedido.

A primeira ferramenta que apresentarei a seguir pode soar um pouco excêntrica para alguns leitores, mas siga meu raciocínio. Ela consiste, basicamente, em contar uma boa mentira. Mas, quando digo mentira, quero dizer mentir de uma maneira "inofensiva". Mentir de um modo que garanta que você se sinta motivado a partir para a ação. Sobretudo para não ser pego.

Vamos lá, você já fez isso em algum momento do passado. Talvez tenha dito que arrumou a casa quando não o fez, e então teve de correr de volta para casa para dar uma geral no ambiente. Ou então disse que fez um telefonema importante e logo em seguida fez o telefonema que havia jurado ter feito (todos nós já passamos por isso!).

Um dos motivos pelos quais nos deixamos levar pelo hábito de adiar é a importância que lhe damos. Deixe-me explicar. Há várias maneiras de adiar.

- Não fazer determinada tarefa.
- Fazer a coisa errada.
- Trabalhar em outra coisa mais importante.

Se você está trabalhando em algo mais importante do que aquilo que aparenta ser urgente, então o hábito de adiar pode ser positivo.

Richard Hamming foi um pesquisador de grande importância, que trabalhou durante muitos anos para os Laboratórios

Bell. Ele cumpria suas tarefas, ganhou inúmeros prêmios e mudou o mundo em que vivemos. Em vez de tentar realizar toda e qualquer tarefa, usava o estilo *mude*, argumentando que para superar o hábito de adiar, bastavam três perguntas simples:

1) Quais são os problemas mais importantes em sua área de atuação?
2) Você está trabalhando em algum deles no momento?
3) Por que não?

Trata-se de uma dessas fórmulas incrivelmente simples, que você precisa ler duas vezes. Não adie, leia-a duas vezes agora mesmo!

Dica de mudança
Qual é a melhor coisa na qual você poderia estar se empenhando no momento? E por que não está?

Tornando os prazos altamente eficazes

Outra maneira de superar o hábito de adiar é estabelecer prazos impossíveis. Dave é cineasta e um profissional de grande competência, mas tem o hábito de adiar; vive arrumando desculpas, alega estar ocupado, queixa-se dos problemas que tem com os clientes etc. Entretanto, sempre cumpre os prazos. Em suas falas explosivas, ele normalmente diz que, se for preciso, trabalhará 24 horas por dia.

Dave é responsável por nossos vídeos de treinamento e de promoção, e o fato de saber como Dave trabalha me coloca numa posição de vantagem. Eu sempre diminuo o prazo que dou a ele em dois dias. Isso significa que, se algo der errado, sempre terei a oportunidade de consertar antes do verdadeiro prazo.

O estranho, nessa história, é que Dave sabe dessa minha prática, mas continua varando madrugadas para terminar trabalhos e entregá-los dentro do prazo que eu diminuí. Por quê? Porque Dave tem um grande desejo de agradar.

Depois de ter conversado com ele sobre isso, soube que ele usa sua vontade de agradar como uma forma de motivação. Pergunta a seus clientes: "Para quando você precisa disso?". Se tem como resposta "Dia 15", ele lhes dirá: "Vou tentar entregar até dia 12".

De que modo você consegue **encurtar seus prazos** a fim de ser estimulado **a cumprir suas tarefas?**

Dica de mudança
Noventa e oito por cento dos autores (incluindo este aqui) entregam seus originais ao editor no último dia de prazo indicado em seus contratos. Assuma um compromisso – e ele será cumprido.

A rocha e a resolução de problemas

Se eu lhe disser que seus maiores problemas são na verdade a chave para alcançar suas maiores conquistas, o que você dirá? Exatamente!

Mude!

Mas deixe-me desafiar seu modo de pensar. De fato, creio que os problemas são um presente. Quanto mais problemas você tem, mais você age. Quanto maior o problema, maior é a recompensa!

Eu tinha um chefe que frequentemente usava o velho clichê "Não temos problemas, somente oportunidades". Às vezes, eu tinha vontade de estrangulá-lo. É claro que temos problemas! Então, um dia, ao voltar de um minicurso de administração de dois dias, ele disse: "Não temos problemas, somente soluções".

Para mim foi a gota d'água. Relacionei, então, três grandes problemas e lhe perguntei como é que eles podiam ser vistos como soluções. Então, ele sistematicamente me mostrou como cada problema era, na verdade, uma oportunidade de fazer algo criativo e diferente, bem como a solução para cada um deles. Chegara o momento de eu calçar as sandálias da humildade.

Ao longo dos anos, passei a pensar, com maior ou menor envolvimento, nessas explicações, até que me dei conta de que, por ter o hábito de adiar e precisar de ideias simples e já testadas que funcionavam (e rapidamente), eu necessitava de uma ferramenta para tais explicações.

Eu havia criado um roteiro para a solução de problemas. Confira os passos desse roteiro.

- **Passo 1:** Esta é a parte mais fácil, consiste na identificação de sua "rocha". Ela simboliza a sua grande questão, aquilo que parece estar impedindo o progresso, lhe criando problemas ou colocando-o numa situação difícil. Provavelmente você já tem uma ideia do que esta rocha representa. Escreva isso de maneira clara na coluna "Rocha" da página seguinte.
- **Passo 2:** Fragmente esta rocha em pequenos problemas específicos. Não importa a quantidade deles, mas, quanto

mais ela for fragmentada, mais fácil será encontrar as soluções. Anote cada desafio individual na coluna "Problemas".
- **Passo 3:** Para cada problema individual, escreva uma solução simples na coluna "Soluções". A essa altura, não é necessário que você já tenha tais soluções, mas certifique-se de que colocará um breve comentário junto a cada problema.
- **Passo 4:** Leia sua lista de soluções e imagine como você se sentiria se tivesse aplicado todas elas. Escreva, então, sua resolução na coluna correspondente.

Se você tiver o hábito de estabelecer metas, talvez queira estabelecer um prazo e escrever a data logo abaixo da coluna "Resolução" para sentir-se estimulado a agir mais cedo.

A rocha e a resolução

Rocha → **Problemas** **Soluções** → **Resolução**

Problemas	Soluções
Fico entediado	Estabelecer prazos mais curtos
Salário baixo	Encontrar maneiras de me motivar
As tarefas são repetitivas	Criar uma recompensa para cada tarefa
Eu não estou levando a sério	Apresentar-me como voluntário em um projeto
Olho o tempo todo para o relógio	Afastar o relógio
Anos sem nenhuma avaliação de desempenho	Marcar uma avaliação e ter boas notícias

Rocha: Estou insatisfeito com meu emprego _____ _____ _____

Resolução: Sentir-me mais satisfeito em meu emprego e otimista em relação ao futuro

"A rocha e a resolução" é uma ferramenta bastante poderosa que funcionará melhor se você tiver tudo por escrito. Se quiser, faça o *download* desse diagrama em meu website: www.michaelheppell.com

Comece a ignorar os maus conselhos!

Você já reparou que à medida que envelhecemos damos uma atenção cada vez maior às coisas que não conseguimos fazer, mais do que àquelas de que somos capazes? Uma pergunta. Você tem habilidades artísticas? Depois de fazer essa pergunta a milhares de pessoas constatei que apenas três em cada cem leitores acreditam, de fato, ter tais habilidades.

Lembre-se agora de quando você tinha 5 anos de idade. No meio de uma reunião entre alunos, professores e o diretor, este último diz: "Levante a mão quem tiver habilidades para artes". O que aconteceu? Isso mesmo, todos levantaram a mão.

Então, o que ocorreu de os seus 5 anos pra cá? A resposta é simples: 11. Sim, o bom e velho 11 entrou no caminho. Por volta dos 11 anos você passou a frequentar a segunda parte do Ensino Fundamental. Um dia, você estava no meio da aula de Artes, totalmente concentrado em um desenho de frutas cuidadosamente arranjadas, lápis 2B na mão. Então, no meio do trabalho, no momento em que você delicadamente fazia a sombra de uma banana atrás de uma polpuda maçã, seu melhor amigo se colocou atrás de você, apontou para seu trabalho e disse: "Que droga isso aí...".

E você acreditou nele!

Aposto que, naquele momento, você gostaria de ter tido a autoconfiança que tem hoje e a capacidade de mudar, respondendo de maneira espirituosa: "Não, na verdade, não é. Essa é minha brilhante leitura impressionista dessas frutas". Infelizmente, você não fez isso. Apenas olhou para o desenho e pensou: "Está mesmo um lixo...".

Mas hoje você pensa de modo diferente, não é? Ou não? Na verdade, não. *Você ainda acredita no que as pessoas estão dizendo quando lhe dão um parecer negativo.* Você fica magoado e leva isso para o lado pessoal.

Em geral, reagimos a um *feedback* negativo de uma maneira negativa. Quando isso acontece, é criada uma situação de perda completa. Mas, e se você *mudar* e encarar os comentários negativos como se estivesse recebendo um presente com uma etiqueta de marca, por exemplo?

Eu explico. É o dia de seu aniversário. Imagine sua tia/mãe/irmão, ou seja lá quem for, esperando com ansiedade você abrir o presente caprichosamente embrulhado. Você o abre e encontra um casaco horroroso. Cor, modelo, mangas, tudo errado. Simplesmente horrível. Você está prestes a dar aquele sorriso amarelo, quando repara na etiqueta com a marca da loja. De repente, fica fácil demonstrar uma falsa gratidão, pois você sabe que agora tem escolha: poderá levar o casaco horroroso de volta à loja e trocá-lo por algo de que gosta.

O estilo *mude* em relação ao *feedback* alheio

Na próxima vez que alguém estiver prestes a lhe dar um *feedback*, você poderá usar o seguinte estilo *mude* de pensar.

- Sorria e diga "Obrigado".
- Pergunte à pessoa se ela realmente está sendo sincera com seus comentários.
- Aguarde alguns instantes.
- Pergunte a si mesmo se o *feedback* tem alguma validade.
- Pergunte a si mesmo se a reação a tal *feedback* realmente o fará se sentir melhor.

Às vezes as pessoas não são muito boas em fazer comentários ou então não estão sendo sinceras no que dizem e em nenhum momento consideram as consequências do que dirão.

Na próxima vez em que **receber um *feedback*** que **nada tem de útil**, lembre-se: você tem a capacidade de **escolher**.

Se você não está disposto a receber um determinado *feedback*, simplesmente imagine que pode devolvê-lo à loja. Isso não significa literalmente que você deve dizer: "Não quero ouvir os seus comentários". Mas poderá educadamente dizer "Obrigado" e concluir que eles não são úteis ou importantes para você, decidindo não levá-los em consideração.

> **Dica de mudança**
> Você come tudo o que vê pela frente? Não? Então, não acredite em tudo o que ouve.

Eliminando gestos do estilo "Eu desisto"

Recentemente, trabalhei como *coach* para uma dupla esportiva. Ao assistir a um vídeo de um cliente, percebi o momento exato do jogo em que ele desistiu. Seus gestos, seu maneirismo e sua reação mostravam que ele abandonara a partida muito antes do apito final.

Antes de começar a reclamar aos brados sobre os exagerados salários pagos aos profissionais do esporte, sobre como eles desistem facilmente etc., reflita a respeito dos seus próprios gestos do estilo "Eu desisto", e pergunte-se como eles podem estar afetando o seu próprio jogo.

Mude!

Todos nós fazemos certos gestos associados ao abandono de uma tarefa. Agitar os braços de modo exasperado, balançar a cabeça, dizer palavrões, entre outros.

Pare um momento e pense em qual dos gestos abaixo você faz ao desistir de algo:

balança a cabeça;
cruza os braços;
diz "não";
bate na testa;
puxa os cabelos;
atira objetos longe;
estala a língua nos dentes;
olha para baixo;
levanta os ombros;
cobre os olhos com as mãos;
range os dentes;
sai do ambiente onde está;
xinga; bufa; grita.

Agora, que tal *mudar* e pensar em que gestos faz quando sente ter alcançado uma grande conquista?

cerra os punhos;
diz "Yes!";
sorri;
faz sinal de positivo com o polegar;
dá um soco no ar;
olha para o alto;
levanta-se;
grita;
faz uma pequena dança;
acena com a cabeça;
faz caretas;
dá pulos de um lado para o outro.

Parabéns! Você acaba de juntar-se à pequena porcentagem de pessoas que realmente têm consciência de seus gestos, seja do estilo "eu desisto" ou do estilo "eu consegui".

O que aconteceria se, no momento em que você tivesse conquistado algo, começasse a usar repetidamente os gestos do estilo "eu desisto"? Não demoraria nada para se ver preso à espiral da negatividade.

Portanto, se for esse o caso, não faria sentido (agora que você tem consciência de seus gestos "eu desisto") passar a usar repetidamente seus gestos do estilo "eu consegui", a fim de *mudar* e sair desse estado pessimista?

Lanço aqui um desafio. Na próxima vez em que se pegar fazendo gestos do estilo "eu desisto", *mude* e substitua o que está fazendo pelos gestos opostos, do estilo "eu consegui". Você ficará surpreso e impressionado com os resultados!

Ao brincar dessa maneira, você será capaz de mudar seu estado emocional muito rapidamente e, assim, se sentirá melhor com mais rapidez e passará a atrair o sucesso.

Faça como a fuinha – levante a cabeça!

A fuinha não é um animal adorável? Ela se senta com a cabeça levantada, em busca de uma oportunidade para caçar, mantendo-se atenta aos predadores. A fuinha sobrevive porque parte para a ação.

Muitas pessoas andam com a cabeça baixa e mais tarde se queixam por perder uma oportunidade. Ao adotar a abordagem "cabeça erguida", característica da fuinha, você conseguirá identificar uma variedade de oportunidades de sucesso.

O melhor disso tudo é: ao buscar oportunidades, com a mente aberta, uma oportunidade encontrada leva à outra. Assim, tudo fica mais fácil.

Há oportunidades excelentes em toda a parte, mas às vezes precisamos *mudar* e **alterar a perspectiva**, para poder enxergar completamente o que está à nossa disposição.

Mude!

Talvez tenham lhe dito que as pessoas bem-sucedidas são obstinadas. Discordo. A maioria das pessoas bem-sucedidas que conheço está aberta a diferentes pontos de vista e opiniões. Conscientemente ou não, elas usam uma técnica chamada "reconfiguração". Isso quer dizer que são capazes de olhar para as coisas sob diferentes perspectivas.

Existem vários usos para essa técnica, mas quando ela é combinada com a abordagem "cabeça erguida", pode lhe trazer resultados poderosos.

Mude seus pontos de vista – torne-se um mestre da "reconfiguração"

Ao aprender a apreciar variados pontos de vista, imediatamente você passa a enxergar soluções que se ocultavam por trás de uma visão tradicional e unidimensional.

De que modo você age quando tenta fazer a promoção de sua empresa para seu cliente mais influente? O mínimo que se espera é um serviço 5 estrelas, acompanhado de uma série de medidas.

Quando o Milestone Hotel, em Kensington, Londres, deparou com esse desafio, sua administração decidiu *mudar*. Ao examinar com atenção as demandas de seu cliente Amex, a equipe do Milestone rapidamente descobriu que havia uma competição acirrada no oferecimento de serviços 5 estrelas, então "reconfigurou" seu encontro com os representantes da Amex, fazendo-lhes uma pergunta brilhante: "Se houvesse uma *commodity* a ser oferecida aos seus clientes que não pudesse ser comprada pelo dinheiro, qual seria?". A resposta deles foi "o tempo".

Foi então que o Milestone criou um pacote especial para seus hóspedes da Amex, a "permanência 24 horas". Não importa a que horas você chega ao hotel, o quarto será seu por 24 horas.

Você consegue imaginar a possibilidade de fazer o *check-in* às 18h e deixar o hotel às 18h do dia seguinte? Nada de correria para deixar o hotel, nenhuma necessidade de deixar as malas guardadas. Perfeito.

Que tipo de desafio você é capaz de **mudar**, "reconfigurar" e enfrentar de "cabeça erguida", obtendo resultados incríveis?

Elefante carnudo sotê

Pergunta: Como é que se come um elefante?
Resposta: Dando uma mordida por vez.

A piada é velha, não tem muita graça, mas é geralmente usada para descrever a superação de uma enorme tarefa.

Vamos atualizar esta piada, adicionando a ela um toque do estilo *mude* de pensar.

Pergunta: Como é que se come um elefante?
Resposta: Sotê, com um suave molho curry, acompanhado de uma farta quantidade de legumes e um Sauvignon Blanc ligeiramente gelado. E não se esqueça de convidar seus amigos. Há boas chances de eles nunca terem provado elefante sotê.

Mude!

Lembre-se: com o estilo *mude* você é capaz de obter o que há de *melhor* em qualquer situação. Portanto, se sua tarefa consiste em comer um elefante, por que o fará dando uma mordida por vez, quando este pode ser um fabuloso banquete ao lado dos amigos?

Vamos aplicar esse método a uma das tarefas mais estimulantes que temos diante de nós: a limpeza da casa!

- **Passo 1 Faça uma lista.** Não é interessante o fato de tarefas enormes se transformarem em coisas controláveis assim que viram itens de uma lista? Além disso, à medida que for cumprindo cada item da tarefa, será fantástica a sensação de escrever um enorme *O.K.* ao lado dele.
- **Passo 2 Crie um sistema de recompensas para si mesmo:** O que fazemos, em geral, é "Vou tomar um café, e então começarei". *Não!* Tome seu café depois de ter passado o aspirador.
- **Passo 3 Aumente o volume da música.** É sempre mais fácil limpar a casa ao som de boa música. Se tiver um iPod ou um MP3 Player, elabore uma playlist adequada para a limpeza de casa.
- **Passo 4 Acrescente aromas.** Ao terminar a limpeza de um ambiente, dê o toque final, perfumando-o. A escrivaninha parece ficar mais limpa com a aplicação de um lustra-móveis, o banheiro ganha uma sensação de frescor com um spray aromatizante. Você escolhe a melhor maneira.
- **Passo 5 Estabeleça um limite de tempo.** Se você acha que pode completar a tarefa inteira em três horas, então estabeleça esse limite e tente reduzi-lo. Você talvez queira acrescentar uma recompensa para cada dez minutos que conseguir reduzir do tempo total.

Qualquer tarefa pode se tornar algo controlável e agradável quando nós a "comemos" criativamente, em pedaços pequenos e saborosos.

Desenvolvendo a intuição

O que acontece quando se lança uma moeda ao ar a fim de tomar uma decisão? Centenas de pensamentos passam pela mente do momento em que a moeda deixa a mão até o resultado final: cara ou coroa. Oculto nessas mensagens está o verdadeiro resultado que você deseja obter.

Se estou trabalhando ao lado de alguém que não consegue decidir entre A e B, digo: "O.k., vamos tirar na moeda". E então decidimos: cara será A, coroa será B. Então, jogo a moeda para o alto, com força. Assim que a recolho, eu a cubro e pergunto a essa pessoa: "Que lado você estava esperando como resultado?". Em 90% dos casos, ela me dará a resposta. Nesse momento, coloco a moeda no bolso e jamais revelo o lado em que ela caiu.

Quando você sabe de algo, você realmente sabe.

Se você aprender a desenvolver essa intuição, não terá mais a necessidade de tomar decisões por meio da moeda.

Dica de mudança
Para que depender da sorte se você pode contar com a intuição?

A intuição é uma habilidade fundamental que se aperfeiçoa com o uso. Você já passou por uma daquelas situações em que, depois da ocorrência de um evento incomum, simplesmente sabia que aquilo aconteceria? Como é que você podia saber?

A experiência, o subconsciente e a capacidade única de cada indivíduo, tudo isso tem um papel importante. O problema é que, em geral, só nos damos conta de que a intuição estava falando conosco depois que o fato aconteceu. Pense na intuição como uma companheira que está ao seu lado o tempo todo. O único grande problema é que, às vezes, essa parceira não fala a mesma língua que você. Na verdade, há momentos em que ela simplesmente não fala; prefere lhe passar uma mensagem por meio de mímica ou então lhe deixar pistas. Porém, se você ignorar tais mensagens e pistas, jamais poderá melhorar sua capacidade de interpretá-las.

O tradutor confiável

Imagine, agora, que há um tradutor pequenino sentado no seu ombro, sussurrando coisas em seu ouvido. Você confia em seu tradutor, uma vez que ele sempre lhe dá bons conselhos. Vamos chamá-lo, portanto, de Tradutor Confiável.

Quanto mais você usar o Tradutor Confiável, mais facilmente compreenderá sua intuição e o que ela realmente está lhe dizendo.

Veja três formas de aprimorar seu Tradutor Confiável.

1. **Dê ouvidos àquele pressentimento:** Ministrei um curso de liderança aos Oficiais de Elite da Polícia Metropolitana. Em um dos dias, acabamos conversando sobre segurança pessoal. Perguntei a um oficial experiente qual era o melhor modo de obter maior proteção pessoal. A resposta dele foi fantástica. Disse: "Sabe aquele sentimento que você tem quando está caminhando pela rua e simplesmente percebe que não deveria estar lá? Bem, dê ouvidos a ele, pois você está absolutamente certo – não deveria mesmo".

   É sua intuição quem está falando. Você não consegue ver nada, e não há uma razão lógica para que algo esteja errado, mas dar ouvidos a esse pressentimento pode ser a melhor decisão a tomar.

2. **Faça ele virar realidade:** Em quem você confia? E se tivesse que transformar seu Tradutor Confiável nessa pessoa? Você pode ouvir a opinião de outros, caso queira ter mais elementos para uma comparação, mas certifique-se de que você confia nessas pessoas. Na próxima vez que precisar recorrer à intuição, simplesmente feche os olhos, visualize seu Tradutor de Confiança e ouça o que ele diz.

3. **Transforme-a em perguntas:** Às vezes nossa intuição precisa de um pequeno estímulo. Ao transformar o que sentimos em perguntas, é incrível como a resposta certa simplesmente aparece. Seguem algumas perguntas para começar.

- Por que estou sentindo isso?
- Como devo agir agora?
- Como posso lidar com isso para obter os melhores resultados?
- O que é melhor para todas as pessoas envolvidas nessa situação?

Se você escrever tais perguntas esta técnica será ainda mais eficaz.

Ao **desenvolver a intuição**, você logo achará fácil tomar decisões, **confiará no bom-senso** e terá **maior facilidade de lidar com os desafios**.

"Mudar para alcançar o sucesso" é o capítulo mais desafiador e mais repleto de recompensas deste livro. Ele favorece os corajosos e também aqueles que estão preparados para transformar as ideias em ações.

Meu desafio, agora, é encontrar o que escrever para fazer a ligação entre este capítulo e o seguinte. Já sei do que preciso. É...

7
Mudar em relação à criatividade

Um dos aspectos mais estimulantes da criatividade é que ela pode ser aprendida. Acrescente a isso o fato de que as pessoas criativas recebem maiores salários, criam mais e são geralmente mais bem-sucedidas em todas as áreas da vida, e você terá uma razão bastante convincente para ler este capítulo.

Como você já deve ter percebido, o estilo *mude* está diretamente relacionado à criatividade e à arte de pensar de modo diferente. A essência deste livro consiste em fazer as pessoas reavaliarem seus conceitos, podendo expandir fronteiras e fazer as coisas de uma forma diferente. Aprecio muito a ideia de contestar os saberes "convencionais".

Portanto, até que ponto você é criativo? Eis um pequeno teste. Assinale as afirmações que se aplicam ao seu caso.

1. Você adora usar diferentes cores. ☐

2. Você gosta de saber o lugar de cada objeto. ☐

3. Você normalmente enxerga mais de uma resposta correta. ☐

4. Você gosta de prazos. ☐

5. Você aprende com os erros. ☐

6. Você tende a seguir "o movimento da onda". ☐

7. Você não se importa em ficar isolado, sem o apoio de ninguém. ☐

8. Você não gosta de cometer erros. ☐

9. Você contribui muito em sessões de *brainstorming*. ☐

10. Você fica satisfeito ao terminar toda e qualquer tarefa. ☐

11. Onde os outros veem problemas você enxerga soluções. ☐

12. Você gosta de estruturas e sistemas. ☐

Se você assinalou todos os números ímpares, então é uma pessoa muito criativa, e é bem provável que conviver ou trabalhar com você seja uma experiência um pouco turbulenta.

Se assinalou apenas os números pares, então criatividade é para você uma palavra estranha, e aposto que sua cor predileta é o cinza!

É mais provável que você tenha tido uma pequena maioria, seja das afirmações pares ou ímpares. Considerando que meu objetivo não é fazê-lo ser menos analítico (e sim torná-lo mais criativo), nosso foco será simplesmente aperfeiçoar o seu lado criativo.

Mude sua rotina

Uma das maneiras mais fáceis de começar a ser mais criativo é mudar uma determinada rotina. Quando entramos na zona de conforto, deixamos de prestar atenção a novos pensamentos, à criatividade e à oportunidade de inovar.

É hora de mudar e alterar algumas de suas rotinas mais comuns.

Não posso garantir que, ao fazer isso, você imediatamente passará a ser mais criativo. Mas posso lhe garantir que algo acontecerá.

Ivan morou na mesma casa durante 22 anos. Trabalhou na mesma empresa por 15 anos, dirigindo por 45 minutos no trajeto para o trabalho, e o mesmo tempo na volta para casa. Isso aconteceu todos os dias, até que ele foi forçado a mudar de rotina, pois um novo sistema de encanamento seria instalado no seu caminho para a empresa, que seria bloqueado durante cinco dias. Ivan foi obrigado a fazer um desvio.

No primeiro dia, assim como a maioria das pessoas da região, ele reclamou, ficou hipertenso e culpou a empresa responsável por aquele desvio estúpido. Já no segundo dia, algo diferente aconteceu.

Dirigindo em meio ao tráfego lento, Ivan olhava casualmente para fora da janela, quando avistou um velho armazém com a placa "Vende-se" pendurada. "Quem iria comprar um armazém velho como este?", pensou.

No caminho de volta para casa, naquela noite, pegou-se pensando no velho armazém com um interesse que não era apenas passageiro.

No terceiro dia, ele estacionou o carro e ficou andando em volta do armazém. Anotou o telefone da imobiliária, ligou para eles e lhes pediu detalhes sobre o imóvel.

No quarto dia, um plano começava a se formar em sua mente.

No quinto dia, uma tragédia. A estrada reabre um dia antes da data prevista. Aquilo que deveria ser uma boa notícia para Ivan ganhou contornos de uma obra feita por trabalhadores excessivamente eficientes, pois naquele dia não daria uma volta ao redor do armazém.

No entanto, naquele fim de semana ele marcou uma visita ao local e, na manhã de segunda-feira, lhes fez uma oferta. Ivan gastou cada minuto de folga que tinha, nos dois anos seguintes, trabalhando em seu novo projeto – a reforma do armazém.

Os resultados foram incríveis. O uso do espaço, a luz natural, a inovação da reforma e sua qualidade, tudo isso era admirado por todos que visitavam o lugar.

Quando mudou-se para a nova casa, ele a transformou também em seu escritório. Como arquiteto, nos últimos 15 anos fizera projetos de instalação de caixas 24h para bancos, mas sua imaginação estivera em letargia, sua criatividade precisava apenas de um empurrão.

Hoje, Ivan obtém inspiração de tudo quanto é lugar, e, quando está dirigindo, frequentemente faz uma conversão não habitual só para ver onde vai parar.

Que tipo de rotina você poderia *mudar* em busca de inspiração? Aqui estão algumas ideias, só para começar.

Mudar em relação à criatividade

> **Mude – Alterando sua rotina**
>
> Saia para uma noitada... numa segunda-feira.
> No período de férias, viaje para um lugar frio.
> Ao dirigir, faça uma conversão não habitual de vez em quando só para ver onde irá parar.
> Chegue ao trabalho às 7 da manhã.
> Mude de mesa.
> Faça uma refeição de trás para a frente – comece pela sobremesa.
> Se você lê um jornal diário, compre um exemplar de outro jornal.
> Pegue o metrô ou o ônibus, viaje de avião.
> Assista a um filme alternativo.
> Vista sua roupa mais chique. Ou vista-se mais casualmente.
> Ao digitar, altere a *fonte*, o tamanho ou a **cor** da letra.

Quando você muda uma determinada rotina, também vale a pena ampliar seu nível de consciência. Você pode fazer isso com a prática do "autodiálogo consciente", obtendo maior consciência de seu diálogo interior. Ao notar alguma coisa adversa acontecendo, em vez de ficar frustrado, diga a si mesmo: "Que interessante! De que modo posso adaptar isso, fazer funcionar a meu favor etc.?".

Esse método de autoanálise é bastante distinto de nosso processo mental comum, que tende a permitir que os pensamentos vagueiem sem que tiremos proveito deles.

Permita-se o luxo de **sonhar** com diferentes possibilidades.

Você verá que é assim que as crianças pensam quando deparam com um novo conceito, com um problema a resolver, com uma ideia que tem de ser compreendida. Isso fica claro na expressão facial delas e é possível até mesmo ouvi-las quando fazem perguntas umas às outras, em sussurros, sobre o que está acontecendo.

Raciocine como uma criança

E que tal *mudar*, passando a raciocinar mais como uma criança?

As crianças pensam de modo diferente. Também aprendem com maior rapidez, testam novas ideias e se divertem mais. Pensam de modo eficiente. Desde cedo, elas são estimuladas a explorar, a correr riscos e a ir à luta. Posteriormente, à medida que crescem, essas características vão sendo deixadas de lado, devido a uma combinação entre o sistema escolar e a competição com colegas. É uma tragédia constatar quão pouco criativos os adolescentes se tornam ao deixar a escola em comparação com o mundo mágico das crianças pequenas.

Lanço um desafio. Na próxima vez que você deparar com um problema, aborde-o da mesma forma que uma criança.

Caso você tenha esquecido o que as crianças fazem ao aprender, aqui vão algumas ideias.

- **Estimule o tato:** As crianças adoram manusear as coisas. Em 90% dos casos, os adultos tentam resolver o problema por meio de uma busca no Google.
- **Transforme o problema em um jogo:** Você aprende muito mais quando está jogando. De que modo você pode transformar seu problema em um jogo?

- **Acrescente cores:** Você já viu as cores vibrantes e brilhantes de uma pré-escola? Compare-as com seu escritório. As cores estimulam os níveis de atividade dos neurônios.
- **Desenhe:** Tenha um bloco de anotações à mão, várias canetas coloridas e comece a desenhar. Aprenda a elaborar mapas mentais e a pensar por meio de imagens.
- **Quando estiver farto, abandone a tarefa:** As crianças sabem a hora de parar. Isso acontece no exato momento em que seu interesse começa a desaparecer. Então, buscam outra coisa para fazer e só mais tarde retomam o problema, com energia renovada.
- **Faça perguntas idiotas:** Os adultos ficam constrangidos quando fazem uma pergunta cretina. Já as crianças se desenvolvem com elas! Que tipo de pergunta idiota você poderia fazer, para quem e com que frequência?

Que **benefícios** você poderia obter se **começasse a pensar** como uma criança?

A verdadeira beleza em raciocinar como uma criança é que, sendo adulto, você pode (e deve) ligar e desligar esse dispositivo.

Na próxima vez que deparar com um problema, você poderá pensar como uma criança durante dez minutos, encontrar a solução e então passar os 50 minutos seguintes fazendo uma análise completa dos custos, uma projeção de tempo para a tarefa e uma distribuição de recursos por departamento. Tente fazer isso como se tivesse 5 anos de idade!

Mude!

> **Dica de mudança**
> As crianças podem se dar o luxo de raciocinar como crianças o tempo todo.

De que modo a natureza lidaria com isso?

Eu estava fazendo uma sessão de *brainstorming* com um grupo de diretores de escola, à procura de métodos para melhorar o desempenho acadêmico dos alunos. Durante a sessão, eu lhes perguntei: "De que modo um professor lidaria com essa questão?". Resposta dada por um dos participantes: "Extinguindo a questão".

Eu e os demais participantes fizemos cara de quem não entendeu nada, olhando para ele em silêncio. "Bem, é assim que a *natureza* lidaria com essa questão", explicou ele. Em vez de "professor", ele entendeu "natureza"[1] e, inadvertidamente, acabou criando uma das melhores perguntas que podem ser feitas durante uma sessão de *brainstorming*: "De que modo a natureza lidaria com essa questão?".

Desde então, já usei essa pergunta centenas de vezes. Se seu relacionamento com alguém não está indo bem, a natureza o extinguiria? Ou o faria evoluir? Os seus produtos podem se transformar em veneno para os predadores? Onde você poderia encontrar comida se as fontes naturais se esgotassem?

A natureza é a força mais habilidosa, adaptável e repleta de recursos que a humanidade já conheceu. Ao perguntar de que modo ela lidaria com uma determinada questão, você abre um amplo leque de possibilidades criativas.

É hora de perguntar:

---

[1] As palavras do texto original são "teacher" e "nature", que têm o mesmo som em sua segunda sílaba. (N. T.)

De que modo a **natureza** lidaria com os **três maiores desafios** que você enfrenta neste exato momento?

Mais técnicas criativas do estilo *mude*

Se você não for um entusiasta das soluções oferecidas pela natureza, então talvez possa dar um estímulo à criatividade por meio do estilo *mude*. Aqui estão minhas três maneiras prediletas de inspirar o pensamento criativo.

1. **Altere o nome do objeto ou da situação:** Um determinado objeto ou situação ainda tem o mesmo nome? Ao pensá-lo com outro nome, alteramos a maneira como nos sentimos a seu respeito. Ao pensar na palavra "xícara", por exemplo, uma imagem se forma na mente. Agora, pense: "recipiente, receptáculo, cálice". O que acontece?
2. **Misture as coisas:** Quem é que disse que tal coisa tem de ser desse jeito? Ao seguirmos os mesmos velhos métodos tendemos a obter o mesmo velho resultado. *Novo modo de raciocinar = novos resultados*. Ao misturar a ordem das coisas, os números e os processos, você certamente obterá novos resultados. Comece pelo final e retroceda, até chegar ao início.
3. **Use uma metáfora:** "É como..." Saber convencer as pessoas em relação a um conceito ou uma ideia é uma grande habilidade. Em vez de entrar em detalhes minuciosos, o estilo *mude* sugere que você associe suas ideias a algo conhecido e

crie uma metáfora. As metáforas fazem nascer outras metáforas, tornando as ideias uma coisa viva.

Stephen levou um quebra-cabeça gigantesco para a conferência anual de sua empresa. Quando subiu ao palco, com o jogo debaixo do braço e sem qualquer auxílio do PowerPoint, começou a explicar que os três meses seguintes seriam como montar um quebra-cabeça. Eles teriam de começar encontrando os quatro cantos, que ele comparou aos quatro valores da empresa.

A seguir, explicou como era importante que as quatro laterais fossem completadas. Comparou isso à administração da empresa. Juntando as peças restantes, estimulou a eliminação da "mentalidade de silo"[2] e promoveu os ideais do trabalho em equipe, explicando que lhe agradava o fato de cada funcionário ser uma pessoa distinta e cumprir um papel diferente dentro da empresa.

Por fim, compartilhou sua visão com os demais. Era isso que todos ali estavam buscando e, quando ele mostrou a tampa da caixa do quebra-cabeça, ali estava a visão da empresa, estampada.

O uso do quebra-cabeça gigante como metáfora foi uma ideia criativa e memorável. Mais importante ainda: ao longo do dia, o fato de cada palestrante fazer referência a este jogo mostrou que a metáfora teve eficácia como meio de comunicação para todos.

Essa é, de fato, uma megametáfora!

Você se sente mais criativo agora? Como? Você quer mais? O.k., passemos para um nível mais avançado.

Devo observar que as dicas de mudança que virão a seguir não são para corações fracos. Algumas dessas ideias – senão todas

---

[2] Expressão do universo empresarial que faz referência à situação na qual as equipes trabalham umas contra as outras, de um modo competitivo (N.T.).

– poderão provocar uma mudança mental de proporções épicas. Você está preparado?

O estilo *mude* em relação à criatividade – Nível Avançado
Faça as proporções serem gigantescas!
Um amigo meu tocava numa banda. Seu grupo havia reservado um local de shows com capacidade para cem pessoas, e eles estavam com dificuldades para vender os ingressos. Ele disse: "É comum isso acontecer conosco, sempre conseguimos vender apenas metade dos ingressos". Perguntei a ele o que faria se tivesse reservado um local para mil pessoas. "Ah, seria um pesadelo, venderíamos só metade dos ingressos."

Fiquei constrangido por ele! Mais tarde, naquele mesmo dia, eu o estimulei a *mudar* e fazer daquilo uma coisa gigantesca. Pedi-lhe que imaginasse que estava promovendo um evento para mil pessoas e que pensasse nas medidas que colocaria em ação para vender uma determinada quantidade de ingressos. Em cinco minutos, teve cinco ideias para promover o show.

Semanas mais tarde, quando todos os ingressos para o show já tinham sido vendidos, ele brincou comigo, dizendo: "Talvez eu devesse ter reservado uma sala para mil pessoas".

Associação de palavras
Adoro usar este método como estimulador de ideias, pois é uma maneira de realmente fazer circular a energia criativa. O princípio é bastante simples. Em geral, as palavras são agrupadas de modo que correspondam às nossas expectativas. É assim que elas passam a fazer sentido. Mas, quando você *muda* e as mistura, acontecem coisas interessantes.

Escolha uma palavra. Escreva-a no centro de uma folha de papel. Para este exemplo, usarei a primeira palavra que o locutor disser no rádio. Aqui está ela: "Capital".

Capital

Agora, acrescente quatro palavras que estejam associadas à palavra "Capital" e escreva-as nos quatro cantos que a circundam. Pouco importa se as associações feitas são sutis ou não – em geral, se não forem, melhor ainda. Eis as palavras que escolhi:

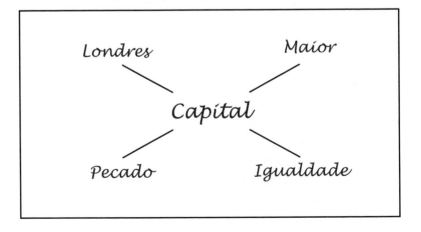

Agora, faça o mesmo com cada uma das quatro palavras. Seu quadro poderá ficar parecido com este:

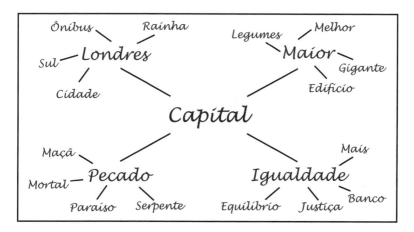

A seguir, escolha duas palavras aleatoriamente e faça uma associação entre elas. O que ocorre? Provavelmente, uma das três coisas a seguir.

1. As duas palavras não fazem o menor sentido e não estimulam nenhum pensamento criativo.
2. As duas palavras se combinam até certo ponto, você as explora, algumas ideias lhe ocorrem, mas nada brilhante.
3. As duas palavras se combinam e, quando isso acontece, sua criatividade é estimulada. Você tem as ideias mais incríveis, salva o mundo e ganha um Prêmio Nobel.

Ou, então, poderá ser uma combinação dessas três coisas.

O segredo é testar a combinação das palavras!

Vamos lá então. Passarei a expor meus pensamentos à medida que faço algumas associações de palavras.

Equilíbrio e Sul	Com raras exceções, os países mais pobres do planeta estão no hemisfério Sul. Como corrigir essa falta de equilíbrio?
Maçã e Rainha	Era uma vez uma princesa chamada Branca de Neve. No castelo onde morava...
Legumes e Cidade	Se moro no campo e tenho minha própria horta, preciso comprá-los na cidade?
Serpente e Edifício	Nenhuma associação vem à mente.
Pecado e Banco	Ter muito dinheiro no banco é sinal de avareza? Isso é um pecado capital?
Igualdade e Paraíso	Na sociedade ideal, não haveria fome, pobreza, destruição, assassinatos...

Em menos de cinco minutos passei de uma palavra ouvida aleatoriamente no rádio para uma ideia maluca que pus no livro, para uma mudança em meu modo de pensar sobre as relações entre uma fruta e um conto de fadas clássico, ou entre uma instituição financeira e uma palavra do universo das religiões.

O que mais aprecio neste método de estímulo a ideias criativas é que você pode aplicá-lo individualmente ou em grupos. Você pode expandir as associações. Pouco importa qual é o seu ponto de partida; no mínimo ele fará alguém sorrir, além de ter algumas ideias. O melhor de tudo isso: é de graça!

"Mudar em relação à criatividade" consiste no uso mais sublime do estilo *mude* de pensar. Minha preocupação em relação à maioria dos métodos de estímulo à criatividade é a falta de desafios para colocar em prática aquilo que você aprendeu. Para realmente tirar o melhor proveito deste capítulo, é preciso usar essas ferramentas e técnicas em situações reais do cotidiano.

Sim, você cometerá erros. É verdade que ficará frustrado. E, sim, você se verá às voltas com a tentativa de explicar suas ideias brilhantes a pessoas que simplesmente não conseguem entendê-las. No entanto, em muitas outras situações, terá acertos, se sentirá aliviado e os outros passarão a considerá-lo um gênio – como você, de fato, é.

Teste isso em casa, com seus hobbies, em seus relacionamentos, no ambiente de trabalho e em breve verá os resultados.

Falando em trabalho, você gasta cerca de um terço de sua vida trabalhando. Desconte disso as horas de sono e lhe restará apenas metade das horas em que está acordado. Você por acaso gosta disso? Na manhã de segunda-feira você pula da cama e grita: "Eeeeba, vou para o trabalho!"? Trata-se de uma enorme parcela de sua vida, e é por essa razão que você precisará saber como...

8

Mudar no ambiente de trabalho e nos negócios

Este capítulo irá abordar todos os aspectos relacionados ao mundo do trabalho e dos negócios: começando com a busca pelo emprego perfeito, obtendo o máximo proveito do seu emprego, a promoção rápida e até o modo de lidar com a perda do emprego. Também abordarei as vendas no varejo, as transformações que podem ocorrer em momentos de crise econômica e os serviços especializados para clientes.

Mesmo que você não trabalhe ou não esteja envolvido em um empreendimento, conheça aqui dezenas de ferramentas e técnicas do estilo *mude*, com as quais você pode pensar de modo diferente, aplicando a nova mentalidade às outras áreas da vida.

Por que você trabalha?

Assinale as afirmações que se aplicam ao seu caso.

Eu trabalho:

1. por causa do dinheiro ☐
2. para encontrar meus amigos ☐
3. para corresponder à expectativa de que eu faça isso ☐
4. para fazer a diferença ☐
5. porque preciso ☐

6. porque adoro meu emprego ☐
7. para não ter que fazer isso um dia, no futuro ☐
8. para aprender mais ☐
9. a noite toda, o dia todo, para pagar minhas contas. ☐
Não é triste isso?

Se assinalou a maioria das frases ímpares, imagino que o trabalho para você seja, em certa medida, um meio para atingir um fim. Você não adora, mas tem de fazê-lo.

Se assinalou a maioria das pares, você gosta tanto de seu trabalho que seria capaz de fazê-lo sem qualquer remuneração!

E se assinalou apenas a última afirmação, então você tem ouvido muito a banda Abba!

A primeira parte deste capítulo consiste em *mudar*, assim você passa a **adorar seu emprego** e passa a ser bem remunerado pelo que **faz**.

Como ser remunerado por algo que você adora fazer

Basicamente, é preciso considerar os princípios fundamentais. Dê uma olhada na lista dos motivos pelos quais você trabalha. Se você assinalou a frase 4, "Trabalho para fazer a diferença", creio que esta seja a razão número 1 para sair da cama de manhã e bater o ponto no local de trabalho.

Mudar no ambiente de trabalho e nos negócios

Trabalho regularmente com professores e palestrantes em escolas e faculdades. No momento em que eles chegam para nosso encontro, muitos mostram uma postura de cinismo e desânimo. Minha tarefa é fazê-los se sentirem motivados e estimulados com seu emprego.

A meu ver, o trabalho realizado pelos professores é um dos mais importantes do mundo. Tendo isso em mente, eu pergunto qual é, na opinião deles, o verdadeiro sentido do trabalho que fazem. *Quando digo que eles estão diretamente envolvidos com a melhoria da qualidade de vida das pessoas geralmente mais vulneráveis de nossa sociedade*, a reação de alguns é de desdém. Muitos, porém, parecem ter um *insight* sobre a principal razão que os levou a trabalhar na área da educação: a oportunidade de fazer a diferença.

Esse é o desafio.

Às vezes essas coisas são tão **óbvias** que **não as percebemos**.

Veja algumas maneiras de adotar o estilo *mude* em seu emprego.

O estilo *mude* aplicado à pergunta "Qual é o verdadeiro sentido de meu trabalho?"

Faça uma pausa e responda a estas três perguntas sobre o verdadeiro sentido de seu trabalho.

1. Quem se beneficia com o seu trabalho?
2. Como essas pessoas se sentem com as coisas que você produz?
3. De que modo você se sente com tais resultados?

Certa vez, enquanto eu falava sobre essas três perguntas simples em um curso, uma participante com ar desanimado me disse: "Isso não se aplica ao meu caso, porque eu simplesmente trabalho numa loja".

Depois de uma breve investigação, descobri que essa mulher, Claire, trabalhava numa loja de roupas, o que acabei achando ótimo. Levou algum tempo até que ela percebesse o porquê disso, mas veja como se desenrolou nossa conversa:

"Ótimo, você trabalha numa loja de roupas. E o que você faz lá, Claire?".

"Sou vendedora."

"E qual é a pergunta mais comum que as pessoas lhe fazem, ao se aproximarem de você?"

"Normalmente querem informações sobre os tamanhos, ou sobre o preço."

"Ótimo. E então, o que você faz?"

"Bom, digo o preço ou encontro o tamanho adequado ao cliente."

Respiro fundo e percebo que tenho de ir um pouco mais além em minhas perguntas. Digo: "Ao responder a essas perguntas, em algum momento você dá conselhos?".

"Bem, se não temos o tamanho adequado, ou se o produto é caro demais, então mostro outro item ao cliente."

"E o cliente se mostra satisfeito com isso, Claire?"

"Claro. Na maioria das vezes as pessoas não fazem a mínima ideia do que precisam comprar."

"Então você as ajuda a escolher, é isso?"

"Sim, acho que sim."

"E como as pessoas reagem quando você lhes dá um bom conselho?"

"Ah, elas adoram!"
"E como você se sente com isso?"
"Ah, me sinto ótima. Essa é a melhor parte do trabalho."

Bingo! Ela entendeu o espírito da coisa. Claire faz as pessoas se sentirem bem ajudando-as na aparência delas. Emprego bacana este! Tendo isso em mente ao dirigir-se ao local de trabalho, ela passou a se sentir muito melhor.

Dica de mudança
O trabalho ganha um novo significado quando você associa o que faz com uma contribuição positiva aos outros. Ao concentrar-se nesses aspectos, você estará fazendo de seu trabalho diário uma atividade maravilhosa.

Você certamente sabe o que lhe pedirei para fazer agora. Aplique as três perguntas do quadro da página 157 em relação ao seu trabalho. Se você se satisfez com as respostas, procure então manter tudo em mente, dia após dia. Essa não é a solução para todas as preocupações do ambiente profissional, mas trata-se de uma boa base a partir da qual se pode avançar.

Sejamos agora mais específicos, explorando outras áreas da vida profissional e dos negócios, às quais você pode aplicar o estilo *mude* de pensar e obter o melhor resultado possível.

Usando o estilo mude para encontrar o emprego perfeito

E se você não está trabalhando, ou se está procurando um novo emprego? Gostaria de saber como encontrar o emprego perfeito?

Já aconteceu de você se candidatar a uma vaga e não ser bem-sucedido? Muitos estão familiarizados com essa sensação, mas quantos se perguntam: "Se 20 pessoas se candidataram mas apenas uma conseguiu a vaga, o que essa pessoa tinha de especial que eu não tinha?".

Um amigo meu que estava desempregado me disse recentemente que estava se candidatando a dez vagas por dia, via on-line, e que vinha fazendo isso havia três meses em vão. Quanto tempo você levaria para perceber que essa estratégia específica não funciona?

Se seu objetivo é conseguir o emprego de seus sonhos e não está conseguindo alcançá-lo, talvez sua estratégia atual deva ser alterada.

As pessoas que adotam o estilo *mude* fazem algo que não é parte de sua prática – é por isso que elas conseguem os melhores empregos. Aqui vai uma amostra do que elas fazem.

1. **Permaneça em seu emprego – mesmo que você o odeie:** As pessoas que adotam o estilo *mude* de pensar têm em mente o emprego que desejam, mas enquanto a mudança efetiva não ocorre fazem de tudo para permanecer empregadas. Os empregadores são mais propensos a contratar pessoas que já têm um vínculo profissional em outro lugar. Entre a opção de contratar alguém que trabalhe em algo totalmente diferente e contratar uma pessoa desempregada, escolhem sempre a primeira opção.
2. **Assuma todos os riscos:** Imagine-se dizendo ao seu potencial empregador: "Trabalharei de graça para você no primeiro mês. Então, me pague 50% do salário que foi publicado no anúncio durante o segundo mês. Do terceiro mês em

diante, se eu corresponder às suas expectativas, me pague o salário integral". É verdade que nem todos têm condições de fazer uma coisa dessas, mas se isso for oferecido em troca de um emprego dos sonhos, você estaria disposto?

3. **Faça a lição de casa:** Muitas pessoas se candidatam a uma vaga de emprego e aparecem para a entrevista tendo pouca ou nenhuma informação sobre a empresa para a qual pretendem trabalhar. Mude e compareça à entrevista munido de um arsenal de informações a respeito da empresa.

4. **Saia de casa:** Enviar cópias de seu CV para 20 empresas e ficar esperando a resposta já não é mais (me pergunto se já foi em algum momento) uma maneira eficaz de procurar emprego. Você deve construir suas redes de relacionamento, sair de casa, encontrar as pessoas certas e informá-las sobre você e suas habilidades. Certifique-se de que você é a primeira pessoa a ser informada a respeito de novas oportunidades. Você poderá, então, escolher a empresa para a qual quer trabalhar. Sim, eu realmente disse *escolher*.

Foi o que Martin Beeson fez quando sua empresa anunciou que estava transferindo seu departamento de marketing para os EUA e que ele seria demitido. Redigiu uma carta de apresentação e a anexou ao seu CV.

Fez 20 cópias desses documentos e compareceu a uma reunião com o intuito de formação de networking local. A maioria dos participantes era composta de empresários tentando vender seus produtos e serviços. Ele estava ali justamente para vender um produto bastante importante – ele mesmo. Percorreu o ambiente todo, distribuiu as 20 cópias, fazendo uma rápida apresentação.

Apenas 24 horas depois ele havia recebido três ofertas de emprego. Hoje, Martin mora e trabalha na costa oeste da Austrália, ocupando o cargo de gerente de marketing em uma empresa que fabrica e vende iates de luxo. Esse não é o tipo de emprego que você possa conseguir sentado, em casa, candidatando-se a vagas via internet.

5. **Transforme-se numa pessoa brilhante:** Quando você tiver a oportunidade de estar frente a frente com uma pessoa que toma decisões, certifique-se de que está buscando um desempenho brilhante. Já entrevistei centenas de pessoas para diferentes vagas de emprego, envolvendo maior ou menor responsabilidade. Algumas realmente acreditavam no seu bom desempenho durante a entrevista, mas se saíram tão mal que eu não teria coragem de deixá-las cuidar nem do meu gato. Por outro lado, outras me fizeram pensar: "Espero que ele/ela aceite minha oferta de emprego", e eu lhes dei a vaga! Se você não conseguir a vaga para a qual se candidatou, vale a pena pedir à pessoa que lhe faça comentários sinceros sobre a entrevista. Isso significa que está pedindo ao entrevistador um *feedback* completo, que leve tudo em conta, incluindo suas imperfeições. Pode ser um pouco doloroso, mas se você receber a mesma mensagem mais de duas vezes é porque realmente precisa mudar.

6. **Verifique tudo:** Faça uma verificação ortográfica, da gramática e do conteúdo dos documentos (dupla verificação). Use um papel de qualidade e envie os documentos sob registro ou por Sedex. Quando tiver uma entrevista marcada, faça um percurso-teste antes para saber onde terá de ir, chegue ao local antes da hora marcada e mantenha uma

aparência profissional. Verifique suas roupas, seu hálito, seus sapatos, verifique tudo!

Esse é o tipo de coisa que a maioria das pessoas nem sequer sabe que deveria fazer. Ou pior ainda: elas sabem que deveriam fazer, mas não o fazem!

Meu conselho? Não seja como a maioria das pessoas.

Ser rapidamente promovido

As pessoas que conseguem ser promovidas com rapidez raciocinam de forma diferente daquelas que sobem a duras penas a escada empresarial. Para sua sorte, a maioria das pessoas acredita que a melhor maneira de ser promovido é "engatinhar" em direção ao topo da carreira profissional, ser um membro direto da família do chefe ou, pura e simplesmente, por sorte.

Isso está longe de ser verdade. De fato, a maioria das pessoas promovidas no trabalho (particularmente aquelas que o são rapidamente) tem uma coisa em comum: elas agregam maior valor ao faturamento da empresa do que as demais pessoas. Ou, então, no caso de trabalharem para uma organização sem fins lucrativos, acrescentam mais aos resultados essenciais para o cumprimento de sua missão.

Mude!

Você já ouviu falar da expressão "o sucesso deixa rastros"? Ou melhor, as pessoas bem-sucedidas naturalmente deixam atrás de si o modelo das coisas que fizeram? Se sim, essa é uma boa notícia para você.

Veja como as pessoas que adotam o estilo *mude* usam esse conhecimento para conseguir uma rápida promoção.

Modo antigo de pensar	**Modo novo de pensar**
Eles devem ter puxado o saco do chefe para conseguir a promoção.	O que eles terão feito para conseguir a promoção?
Quando me pagarem mais, trabalharei mais.	Farei mais agora e posteriormente receberei mais.
Eles têm sorte, só isso.	Qual é a estratégia deles e como posso usá-la?
Não se trata dos conhecimentos que você tem, mas de quem você conhece.	Quem eu preciso contatar? Como posso encontrar essas pessoas?

Mude em um dia realmente ruim – o que fazer se você perder o emprego

Sinceramente, espero que você jamais tenha de usar as técnicas descritas nesta seção, mas se acontecer de um dia você perder o emprego, aqui estão algumas ideias que certamente o ajudarão.

A culpa não é sua: Você trabalhou duro. Você se comprometeu completamente, mas de uma hora para outra, zás!, perdeu seu ganha-pão. Numa situação em que muitos se sentiriam desanimados e pessimistas, você seria capaz de *mudar* e ter esperanças, pensando de modo positivo? A resposta é difícil, mas, para facilitá-la, aqui estão algumas ferramentas do estilo *mude*.

Deixe o ressentimento de lado: É mais fácil falar do que fazer, mas deixe o ressentimento para outra ocasião. Ou, se você realmente precisar retirar esse peso de seus ombros, faça isso rapidamente (em cinco minutos) e sem alarde. Todos nós já sabemos que tipo de pessoa é o chefe e quanto ele é poderoso, então por que não *mudar* e agir de modo diferente? A atitude mais importante agora é pensar em você mesmo e no que fará a seguir.

Não leve a situação para o lado pessoal: Então, por que você foi demitido, enquanto a Dora, do departamento contábil – conhecida por todos por ser praticamente uma inútil – permaneceu na empresa? Perguntas como essa lhe deixarão abatido, lançarão sombras de dúvida (ver página 187) sobre suas próprias habilidades e, por fim, lhe impedirão de progredir. É provável que você não tenha feito nada de errado além de ocupar o cargo errado no momento errado. Mas fazer o quê, agora?

Tome iniciativas: Fui criado numa cidade chamada Consett, no condado de Durham. Em 1980, as metalúrgicas da cidade tiveram que fechar, resultando na perda de 3.700 empregos. Na época, no momento em que os trabalhadores recebiam a indenização referente à demissão, lembro de ter ouvido ex-metalúrgicos dizerem que "tirariam dois meses de folga, antes de voltar a procurar emprego".

O que de fato ocorreu foi que, depois de terem parado por dois meses, eles descobriram que: a) ficou muito difícil ter a motivação necessária para encontrar um novo emprego; b) as vagas disponíveis na época do fechamento da fábrica não mais existiam; c) passariam vários meses, ou até alguns anos, até que o dinheiro investido em um novo ciclo de crescimento econômico começasse a criar um número suficiente de novas vagas.

Enquanto isso, outro grupo adotara o estilo *mude* de pensar, tomando iniciativas. Assim que souberam da possibilidade da demissão, rapidamente tomaram providências para encontrar um novo emprego.

Registre as informações necessárias: Registre, por escrito, a maior quantidade de informações que puder, pois poderão ser úteis posteriormente. Uma caneta é mais confiável do que a memória. Ao anotar nomes e telefones de contatos, conhecimentos e habilidades específicos adquiridos, você registra informações preciosas que lhe ajudarão no futuro.

Esteja atento às pessoas com quem convive: Pouco a pouco você adquire as características das pessoas com quem passa a maior parte de seu tempo. Portanto, embora possa ser tentador estar rodeado de pessoas que também estão desempregadas, *mude*, não faça isso. Passe a maior parte do tempo ao lado de pessoas que estão trabalhando. Ao fazer isso, conseguirá um emprego com maior rapidez.

Faça uma avaliação de suas habilidades: Várias dessas habilidades podem ser testadas on-line. Tais testes normalmente lhe pedem para assinalar alternativas ou atribuir notas de 0 a 10 a si mesmo. Em vez de simplesmente imprimir essas avaliações e completar esses questionários, acrescente três palavras extras e uma breve descrição depois de ter assinalado a alternativa. As três palavras são: "isso significa que".

Isso pode ser especialmente útil com questionários de avaliação.

Sou capaz de trabalhar com prazos *isso significa que consigo organizar meu tempo, aumentar a confiança que depositam em mim e não criar preocupações desnecessárias.*
Sou uma pessoa prática *isso significa que sou capaz de consertar situações em vez de pedir ajuda. Sou capaz de usar essa habilidade a fim de ajudar os outros.*
Tenho um bom domínio de gramática *isso significa que posso fazer a revisão de documentos redigidos por outras pessoas e com isso melhorar o profissionalismo de uma empresa.*

Muitos, ao considerar as próprias habilidades, elaboram uma lista. O valor real de cada habilidade está no benefício que elas proporcionam às demais pessoas.

Ao acrescentar a frase "isso significa que..." e expandir suas habilidades, você aumenta seu valor como profissional.

Cuide-se: A perda do emprego pode ser uma experiência bastante estressante. *Você* é a pessoa mais importante neste mundo, portanto, mais do que qualquer coisa, é essencial que mantenha (ou melhore) a forma física, se alimente bem e encontre tempo para relaxar de modo adequado (o que não significa ficar assistindo à tevê o dia todo).

É o momento de trabalhar por conta própria?

Chegou o momento de *mudar* e passar a ser o patrão de si mesmo? Muitos empresários deram início ao próprio negócio após perderem o emprego. Para eles, a demissão era na verdade uma bênção disfarçada.

Tornar-se empresário não significa, necessariamente, que você tenha de abrir uma grande empresa, contratar um grande número de funcionários e correr um enorme risco. Você pode trabalhar como autônomo e fazer algo que sempre adorou. A perda do emprego pode ser a oportunidade que você estava esperando.

Vale a pena reservar alguns minutos para rever os pontos abordados até aqui, neste capítulo, e certificar-se de que você é capaz de partir para a ação, baseado em pelo menos duas das ideias expostas. Considerando que o trabalho consome uma enorme parte de seu tempo, ele deveria também ser uma das áreas mais prazerosas e recompensadoras de sua vida. Ao adotar o estilo *mude* no trabalho, você logo verá que obter o máximo proveito do emprego é mais fácil do que imaginava.

Dica de mudança
Para muitas pessoas, mais da metade do tempo em que estão acordadas é gasta no trajeto até o local de trabalho, no trabalho e no trajeto de volta para casa. Ou seja... é melhor que você goste daquilo que faz!

Mudar em relação aos negócios

Talvez você se sinta inspirado para abrir seu próprio negócio, dar um passo adiante e criar algo novo. Ou talvez queira aperfeiçoar a sua empresa. Em caso positivo, terá de compreender a importância de *mudar* em relação aos negócios.

Se você estiver "envolvido com os negócios" – e, para todos os efeitos, entenderemos isso como qualquer pessoa que seja dona de um negócio, que o administre, ou que sinta que tem alguma responsabilidade pelo sucesso da empresa para a qual trabalha –, esta seção é dirigida a você.

Investindo em arte em Paris – como usar os "extras" para ganhar dinheiro

Uma grande parte da renda obtida pelos artistas de rua de Paris provém dos pequenos "extras" que eles fazem. Eles agem da seguinte maneira.

Quando você compra uma pintura, uma caricatura ou o esboço de um desenho de um deles, raramente encontrará o preço afixado à obra. Ao perguntar quanto custa uma das obras, talvez ouça "50 euros". A partir de então, ele irá observar a sua reação. Se você mostrar hesitação, ele lhe oferecerá algum valor adicional, completando a frase com algo do tipo: "... mas hoje estou também fazendo uma oferta: o desenho vem acompanhado por uma moldura que vale 10 euros". Se você continuar em dúvida, ele acrescentará: "... e um bonito estojo para acondicioná-la com segurança em sua viagem de volta para casa; o que normalmente lhe custaria mais 10 euros".

Um bom negócio. Pense bem, você comprou um produto que vale 70 euros por apenas 50. Esperto, você! Agora, o que acontece quando esse artista encontra um freguês que se satisfaz com o preço inicial, de 50 euros?

No momento da transação, em que o freguês se mostra satisfeito com o preço, ele dirá: "Não quer levar também uma bela moldura? Custa apenas 10 euros". Enquanto o turista, contente, sorri e assente com a cabeça, o artista acrescenta: "E que tal um bonito estojo para acondicioná-la em sua viagem de volta? São só mais 10 euros".

O estilo *mude* de pensar é excelente, podendo ser usado em qualquer transação. Tente usá-lo quando estiver comprando um produto. Se não conseguir negociar um desconto, peça algo que possa ser acrescentado ao item de interesse. Experimente também fazer isso quando for você o vendedor: se o preço parece alto demais para seu cliente, o que você pode lhe oferecer além de descontos? Se ele levar um susto com o preço, o que mais você poderia lhe oferecer enquanto ele tiver disposto a comprar?

Especialize-se

A Smyth & Gibson produz as melhores camisas do mundo. Esta fábrica, com sede em Belfast (Irlanda do Norte), concentra seu foco na produção de camisas, camisas, e nada além de camisas. Eles são capazes de oferecer uma garantia de 20 anos para uma camisa!

Mas a coisa fica ainda melhor. Alguns funcionários da Smyth & Gibson são contratados exclusivamente para fabricar e fixar os colarinhos às camisas. É sua única tarefa: são "fixadores" de colarinhos de primeira classe. A empresa contrata funcionários cuja única função é cortar o tecido de um modo que as costuras não apresentem uma única emenda. Contratam funcionários que nada mais fazem além de fixar as mangas às camisas e combinar as listras com perfeição. Na verdade, há 15 funcionários envolvidos na produção de uma única camisa.

"Então, por que não ensinar os funcionários a fazer um pouco de cada coisa? Você certamente conseguiria fabricar mais camisas, não?", perguntei a Richard Gibson. Ele me contou como o estilo *mude* de pensar estava transformando seu modo de fabricar camisas. Enquanto o restante da concorrência se preocupava com a automação e com a quantidade, ele centrava seu foco na especialização e nos detalhes. Decidi contestá-lo e lhe perguntei: "Por que é tão importante essa combinação de listras, uma vez que a maioria das pessoas não prestará a mínima atenção nisso?". Ele simplesmente respondeu: "Mas nós prestaremos".

Gosto muito da autoconfiança e da certeza embutidas nesta fala.

Dica de mudança
Em um mundo de generalistas, qual é a sua especialidade?

Mude usando atitudes negativas

Na década de 1970, a Allen, Brady and Marsh (ABM) era uma agência de publicidade de estilo agressivo. Eles tiveram a sorte de figurar na lista final dos candidatos a conquistar a conta da British Rail (empresa de transportes britânica). Na época, a British Rail era uma das maiores contas do país, altamente valorizada. Então, o que fazer para ganhar uma conta como essa?

Várias agências dessa lista final decidiram "puxar o saco" do presidente da empresa e seu Conselho com slogans sofisticados, modelos de peças publicitárias e apresentações preparadas com muita lábia e bajulação.

A ABM decidiu *mudar*.

Coube a uma recepcionista que não demonstrava grande

Mude!

interesse a tarefa de receber o presidente da BR e do Conselho e conduzi-los a uma sala de aspecto sombrio. Embora eles fossem um grupo de sete pessoas, havia cadeiras para apenas seis. Foram servidos chá morno, biscoitos murchos e sanduíches velhos. Pior ainda: a equipe da ABM chegou atrasada.

Após 60 penosos minutos de espera, o presidente estava prestes a ir embora quando o presidente da ABM, Rod Allen, entrou na sala. Não pediu desculpas e não fez mais do que notar a presença do presidente da BR. Dizer que os representantes da BR estavam furiosos é pouco.

Foi quando veio à tona uma das melhores manifestações do estilo *mude* de pensar. Rod Allen apenas gesticulou e disse: "É essa a imagem que seus clientes têm de vocês e nós vamos mudá-la".

A ABM ganhou a conta.

Ah, mas não foi pura sorte? Quantas vezes você já ouviu falar na palavra "sorte", com referência a alguém que obteve um enorme sucesso? Muitas vezes, a verdade está longe disso.

Na maioria dos casos, **"sorte"** é o nome dado à capacidade de uma pessoa em reunir doses de **imaginação, clarividência, perspicácia** e **trabalho árduo** a fim de criar algo **diferente** e **memorável**.

Dica de mudança
No mundo dos negócios, o estilo *mude* de pensar faz você ser recomendado, lembrado e consultado.

Transformando um momento de crise em oportunidade
A atividade comercial é feita de altos e baixos. Quando os negócios vão bem, é difícil imaginar que eles poderão dar errado, mas isso vai acontecer. Quando eles vão mal, é difícil imaginar que voltarão a decolar, mas isso vai acontecer. As pessoas inteligentes sabem disso, e as muito inteligentes sabem como lucrar com isso.

Um amigo meu vendeu 38 imóveis em um período de dois meses por desconfiar da imensa quantidade de dinheiro que estava ganhando com eles. Ele tomou essa atitude cerca de dois meses antes da estagnação imobiliária de 2007 no Reino Unido e, obviamente, muito antes da grande crise imobiliária de 2008. Como ele sabia disso tudo?

Você talvez ache que ele teve sorte. Na verdade, ele simplesmente foi muito intuitivo. Quando você lhe pergunta como foi capaz de imaginar o que aconteceria, ele sempre responde: "A sensação é de que tudo era bom demais para ser verdade". Muitas outras pessoas que investiram em imóveis foram pegas de surpresa, pois o que havia não era apenas a sensação de que aquilo era bom demais para ser verdade – realmente era bom demais.

Quando se sabe que os ciclos ocorrem dessa maneira, é tentador aguardar o momento de recuperação nos negócios antes de empenhar-se, de começar projetos novos ou de assumir riscos. Contudo, as pessoas muito inteligentes não pensam desse modo. Elas mudam, duplicam seus esforços, dão início a novos projetos e assumem ainda mais riscos. Sabem que, no momento em que os bons tempos voltarem, estarão na linha de frente, colhendo os frutos de sua atitude inicial.

O estilo *mude* diante da crise econômica

Aqui estão quatro perguntas que devem ser feitas nessa situação.

1. Qual é a nossa melhor especialidade?
2. De que modo podemos diversificar ou nos especializar nesse momento?
3. Como podemos criar/aumentar a fidelidade de nossos clientes?
4. O que fazer agora para que no momento de crise possamos promover a máxima eficiência de nossos negócios?

Mudando quando os ventos são favoráveis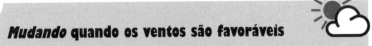

E aqui vão mais algumas dicas para quando a maré estiver boa.

1. Estamos investindo na preparação para o futuro?
2. De que modo podemos flexibilizar ainda mais o nosso "músculo dos riscos"?
3. Em quais outros países podemos fabricar os nossos produtos?
4. Será que essa situação não é boa demais para ser verdade?

Enquanto você lê este livro, não tenho como saber em que direção sopram os ventos dos seus negócios, mas sei que o oposto ocorrerá em algum momento futuro. Desafio você a usar o maior número de ferramentas do estilo *mude* para poder ser hoje o mais eficiente possível em seus negócios e colher os frutos disso amanhã.

Se você quiser se aprofundar em relação a esses tipos de alerta, leia *1929 – A grande crise*, de John Kenneth Galbraith (Editora Larousse, 2010).

Pense como o cliente

Em sua opinião, quem mais gostaria de *mudar* a fim de obter melhores resultados? Com frequência, em importantes reuniões entre departamentos, ouve-se "precisamos pensar como o cliente". Ótimo, mas o que isso quer dizer exatamente?

A melhor maneira de pensar como um cliente é quando se é um deles.

Fui empregado de uma empresa (prefiro não mencionar o nome) cujos donos estavam preocupados com o fato de suas vendas on-line não estarem correspondendo às suas expectativas. Eu trabalhava com seus diretores mais experientes e lhes perguntei: "Quantos de vocês já fizeram compras on-line na própria empresa?".

Quase todos assentiram com a cabeça. Retirei então uma ficha de minha pasta e disse: "Tenho aqui uma lista com todas as pessoas que fizeram pedidos on-line e cruzei os dados com os participantes desta reunião. Por favor, levantem a mão todos que tiverem certeza de ter seu nome nessa lista por já terem feito um pedido on-line". Um ou outro levantou a mão. Dez participantes coraram de vergonha, incluindo um diretor-executivo, que ficou quase roxo.

Como é que eles poderiam realmente pensar como seus clientes se não tiveram qualquer experiência com sua própria oferta de produtos on-line?

> **Dica de mudança**
> Trate-se de um produto, de um serviço ou de uma experiência, o verdadeiro teste se dá quando se cria, se vive e se absorve.

Uma situação exemplar, que revela como se pode de fato pensar como o cliente, aconteceu no Summer Lodge Hotel, em Dorset. Julia estava prestes a se casar no dia 2 de janeiro e, em preparação para a cerimônia, colocou unhas postiças no dia de Réveillon. Vinte e quatro horas mais tarde (no dia de Ano-Novo), três delas caíram e ela não estava muito satisfeita com as que lhe restaram. Infelizmente, o salão de manicure estava fechado. Como a cerimônia seria no dia seguinte, ela entrou em pânico.

Mudar no ambiente de trabalho e nos negócios

Ela telefonou para o Summer Lodge e conversou com a gerente do SPA, Rosemary Sumner-Pike, e implorou por ajuda. A mulher marcou um horário para Julia naquele mesmo dia (lembrando que no dia de Ano-Novo grande parte do comércio não abre as portas). Foi nesse momento que Rosemary teve *insights* do estilo *mude*. Ela reuniu sua equipe e pediu a cada funcionária que imaginasse que aquele dia fosse a véspera de seu próprio casamento, como estariam se sentindo e o que podia ser feito para que aquela sessão de manicure fosse um momento especial.

Assim que Julia chegou ao SPA, lhe serviram chá de camomila para ajudá-la a acalmar-se. A manicure removeu suas unhas e completou o serviço. Chegou então o momento da grande decisão: de que cor pintar as unhas? Julia hesitava entre o vermelho-vivo e um rosa discreto. Assim, a manicure pintou as unhas de uma mão de vermelho, e de rosa as da outra.

Ainda assim, ela não conseguia tomar decisões: comentou que sua maquiagem não estava pronta e que seu cabelo não estava arrumado.

Nesse momento, o SPA Summer Lodge ofereceu um serviço de primeira. Enquanto uma funcionária fazia sua maquiagem, a outra cuidava de seus cabelos e uma terceira lhe preparava o chá de camomila. Quando o visual estava completo, Julia finalmente se decidiu: vermelho-vivo!

Ao sair, Julia prometeu que manteria contato. Elas mal podiam imaginar que ela voltaria a ligar tão cedo.

A cerimônia transcorreu de modo excelente, a recepção aos convidados foi fantástica, mas no momento em que Julia e o marido chegaram à porta do hotel escolhido para a noite de núpcias, às 23h, descobriram, estupefatos, que estava fechado. Foi então que a prática de pensar como o cliente começou a render frutos. Para quem os recém-casados decidiram ligar? Exatamente, Summer Lodge. Reservaram o melhor quarto, permaneceram no SPA a maior parte do dia seguinte, almoçaram e fizeram sessões extras.

Já ouvimos esse tipo de história antes; algo semelhante talvez lhe tenha ocorrido. O que faz essas situações se tornarem mágicas é o elemento humano. Se Rosemary não tivesse estimulado suas funcionárias a "pensar como o cliente", você acha que elas teriam criado toda essa magia? Você acha que Julia e o marido teriam retornado ao Summer Lodge no momento em que o plano original de hospedagem no hotel deu errado?

Qual é a probabilidade de eles **contarem a alguém** sobre a experiência que tiveram como **clientes cinco estrelas**?

A mudança feita por pequenos varejistas (e como os grandes também podem aproveitar)

Fico impressionado em ver que os pequenos comerciantes pensam que o segredo de seu sucesso é agir como os grandes, quando justamente o oposto é que é verdadeiro.

Na minha cidade natal, havia apenas duas peixarias, e os comerciantes desse ramo levavam uma vida tranquila. Então, um belo dia fomos brindados com a chegada do Tesco, do Waitrose e da Marks & Spencer. Eu adoro comprar peixe fresco, portanto passei a observar atentamente qual seria o destino de nossos fornecedores locais.

O peixeiro nº 1 começou a se queixar do Tesco. Reclamou à imprensa local, aos demais varejistas e até mesmo aos seus próprios fregueses. Lembro de quando ele me dizia não ter condições de competir com os preços do Tesco (eu não tinha sequer perguntado sobre o preço do peixe!). Depois de travar uma disputa inútil e cercada de amarguras, ele fechou as portas e chegou a colocar um aviso, culpando o Tesco e as demais redes.

O peixeiro nº 2 – uma mulher – agiu de modo diferente. Ela resolveu criar uma marca local e investir na fidelidade dos fregueses da região. Tinha o hábito de falar a respeito de seu produto, quando e onde ele era pescado, e de oferecer alguns "extras" no caso de o freguês comprar alguns quilos a mais. Ela provavelmente sentiu os efeitos da chegada das três redes na cidade, mas não fez uma única queixa. Sobreviveu, prosperou e, desde que seu concorrente fechou as portas, nunca teve tanto trabalho.

Dica de mudança
Não tente agir como os grandes. Descubra as práticas que eles não adotam e que você é capaz de adotar, bem como as coisas que você faz e que eles não são capazes de fazer.

E se você for um varejista de **grande** porte, que tipo de lição pode aprender com os **pequenos**? Calor humano? A dosagem do ritmo? A independência?

Quando você é um dos grandes, vale a pena aproveitar a oportunidade para *mudar* e aprender com aqueles que são menores (e melhores?) que você.

O mundo dos negócios, sejam eles grandes ou pequenos, precisa ser imediatamente transformado. As ideias, a dosagem do ritmo e o entusiasmo são mais importantes e necessários do que nunca. Também é importante ter a visão de onde você deseja estar. É por isso que você deve...

Mudar para ter um futuro fantástico

Você já tem todos os objetivos planejados por escrito, com uma estratégia para alcançá-los?

Você está animado em relação ao seu futuro? Ou ainda está se perguntando o que estará fazendo a essa hora na semana que vem?

Será que a criação de um futuro maravilhoso é tão simples quanto colocar alguns objetivos por escrito, no papel? Este é um primeiro passo, e sabemos que devemos dá-lo, mas na verdade há muito mais coisas envolvidas na criação de um futuro maravilhoso.

Uma observação que faço nas viagens e em minhas apresentações está relacionada à grande quantidade de pessoas que não têm um plano para o futuro. A maioria simplesmente deixa a vida lhe levar. Só então elas usarão a energia de que dispõem para lidar com os resultados dos acontecimentos. Digo a você: *Mude*, planeje a vida que deseja ter e use sua energia e criatividade para fazer as coisas acontecerem.

Muitos estabelecem condições pessoais ao planejar o futuro e, ao fazê-lo, nunca dão início a nada. Chamo-as de pessoas do estilo "Se... eu...".

Os riscos do estilo de pensar "Se... eu..."
O uso do raciocínio "Se... eu...", sem dúvida é um dos mais eficazes modos de minar a autoconfiança e sua habilidade de escolha. Você já ouviu mais de mil vezes a frase a seguir: "Se eu ganhasse mais dinheiro, eu começaria a economizar"; "se meu chefe me promovesse, eu me empenharia mais no trabalho"; "se eu tivesse um carro novo, eu o manteria limpo".

Ao pensar dessa maneira você coloca seu futuro nas mãos de circunstâncias sobre as quais têm pouco ou nenhum controle.

Será **desafiador** romper com esse ciclo, mas você **precisa** rompê-lo.

As pessoas fazem uso do "se... eu..." quando se trata da felicidade pessoal: "Se eu fosse mais magro, seria mais feliz"; "se eu encontrasse a pessoa certa, então as coisas seriam diferentes" etc.

Pense no seguinte. Você acha que, se *mudasse*, obteria melhores resultados? E se sua atitude fosse do tipo: "Sou feliz, por isso é mais fácil para mim controlar meu peso"? Ou: "Se sou uma pessoa feliz, vou atrair a pessoa certa". Pode parecer simples, mas não basta o simples desejo de ser feliz, é preciso fazer a felicidade acontecer.

No momento em que perceber que você, e somente você, tem o controle sobre suas ações, atitudes e crenças, então terá a base perfeita sobre a qual poderá construir um futuro maravilhoso.

Há momentos em que você pode usar o raciocínio "se...eu..." de um modo positivo, para se sentir motivado. Que tal pensar...

Se eu quiser criar um **futuro maravilhoso**, é melhor começar a construí-lo **agora mesmo**.

"Posso, então, começar a colocar meus objetivos no papel?", você me pergunta. Não, ainda não (mas admiro o seu entusiasmo). Nós ainda não exploramos a fundo as características que você pretende ter no futuro – mas estou certo de que você deseja que ele seja maravilhoso.

Com qual das afirmações abaixo você concorda?

1. Mereço ter um futuro maravilhoso.
2. Minhas atitudes de hoje terão impacto em meu futuro.
3. Posso fazer escolhas em relação à maioria de minhas ações.
4. Para chegar aonde estou hoje superei obstáculos no passado.
5. Bem no fundo, sei que sou melhor do que imagino ser.

Penso que, após ler as frases, você concorda com todas elas. Claro, por que não? Todas são verdadeiras.

Vamos agora considerar essas cinco afirmações, e também algumas maneiras pelas quais as pessoas as boicotam, em um plano subconsciente (ou mesmo consciente).

1. Mereço ter um futuro maravilhoso.
Apenas as pessoas de sorte acabam tendo um futuro maravilhoso. Sou uma pessoa mediana.

Mude!

2. **Minhas atitudes de hoje terão impacto em meu futuro.** *Por isso, posso deixá-las para amanhã ou mesmo para a semana que vem, isso não fará muita diferença.*
3. **Posso fazer escolhas em relação à maioria de minhas ações.** *Com exceção das realmente grandes, que parecem ter sido determinadas por meu chefe, pelo banco, pelas condições climáticas etc.*
4. **Para chegar aonde estou hoje superei obstáculos no passado.** *Pelo fato de eles pertencerem ao passado, não tenho mais a lembrança de como me senti em relação a tais obstáculos ou à alegria de tê-los ultrapassado. Minha mente se concentra, hoje, na dimensão das dificuldades que preciso enfrentar hoje.*
5. **Bem no fundo, sei que sou melhor do que imagino ser.** *Mas acho mais fácil me recriminar em relação às coisas com as quais não tenho grande habilidade, e sou bastante modesto em relação às minhas capacidades.*

O truque, aqui, é reconhecer que é capaz de fazer escolhas em relação ao seu modo de perceber tais situações.

Às vezes, uma escolha **mais positiva** e pró-ativa demanda um **esforço** um pouco maior, mais **autoconfiança** e uma **crença** ampliada. Porém os resultados obtidos fazem **valer a pena** lutar por ela.

Mudar para ter um futuro fantástico

O mundo das oportunidades e as sombras de dúvida

O primeiro desafio que se coloca diante de você é centrar sua atenção no "mundo das oportunidades" e, ao fazê-lo, eliminar as "sombras de dúvida". Sim, é verdade, ainda não lhe pedi para escrever o que deseja ter no futuro – não por enquanto.

O mundo das oportunidades

O que é o mundo das oportunidades? Acredito que seja uma crença profunda de que, no tempo certo, com as atitudes corretas e a necessária dedicação, qualquer um é capaz de conquistar grandes coisas.

Quanto tempo você imagina que uma pessoa leva para tornar-se um dos cinco maiores *sommeliers* (especialista em vinhos) do mundo? Cerca de 20, 30, 40 anos? Na verdade, são quatro anos.

Foi desse tempo que Luvo Ntezo, do hotel Twelve Apostles, na África do Sul, precisou para subir do cargo de garçom para um dos melhores *sommeliers* do mundo. Veja o relato dele.

"Na primeira vez em que um cliente me pediu uma garrafa de vinho no restaurante foi um desastre. Eu mal conseguia usar o saca-rolhas e o cliente teve de me ajudar. Foi ali mesmo que eu resolvi aprender mais a respeito dos vinhos." Assim Luvo deu início aos seus estudos no ramo da enologia.

Quando deram a Luvo a chance de visitar a adega do hotel onde trabalhava, ele topou na hora. No período em que esteve lá, encontrou John Laubscher, fabricante de vinhos, e Herman Hanekom, especialista em adegas.

"Eu lhes fazia perguntas ridículas, e aqueles dois homens maravilhosos respondiam a todas elas", diz.

Com o passar do tempo, Luvo foi aprimorando seu olfato, mas um mentor lhe explicou que ele "carecia da linguagem poética para falar sobre os vinhos".

"Eu me empenhei muito para melhorar meu vocabulário por meio da leitura", diz Luvo, que frequentemente estudava muitas horas por dia, paralelamente ao seu emprego. Logo depois, lhe ofereceram uma vaga de barman no Twelve Apostles.

Embora tenha começado a trabalhar numa função inferior, ele rapidamente se destacou numa sessão de degustação. Abriram uma garrafa de vinho e todos provaram. Todos assentiram com a cabeça, dizendo: "É bom". Porém, quando Luvo o provou, achou horrível. "Oxidado, insípido e embotado", foi sua opinião sincera – e ele tinha razão.

Os gerentes do Twelve Apostles ficaram intrigados e resolveram lhe dar a oportunidade de aperfeiçoar seu ofício.

Dois anos mais tarde, ele conquistou o primeiro lugar na categoria "Jovens Sommeliers" do Concurso Nacional Chaîne des Rôtisseurs, classificando-se para participar do Concurso Internacional em Viena, no qual ficou em 4º lugar. O incrível é que, no momento dessa conquista, Luvo tinha apenas 25 anos.

Passo a passo, vejamos como Luvo atingiu essa conquista memorável e de que modo o estilo *mude* o ajudou a alcançá-la.

Passo 1 Ele usou um determinado problema como impulso motivador: A partir do constrangimento inicial por não saber como abrir uma garrafa de vinho, tomou a decisão de mudar e "aprender mais sobre os vinhos". Eu me pergunto quantas pessoas realmente pensam dessa maneira. Grande parte delas talvez tentasse encontrar um modo de evitar a situação de ter de servir vinho a alguém depois de ter enfrentado tal constrangimento.

Passo 2 Fez "perguntas ridículas": Adoro essa parte da história por dois motivos. Primeiro, ele fez essas perguntas. Quantas perguntas ridículas continuam sem resposta em sua mente porque você fica constrangido para fazê-las? Segundo, ele dá crédito aos "homens maravilhosos que as responderam". Pessoas maravilhosas, dispostas a responder às suas perguntas ridículas, estão em toda parte. Mas são poucos os que agem como Luvo.

Passo 3 Empenhou-se em seu ofício: Ter um ótimo olfato para vinhos não é uma questão de sorte, mas o resultado de um esforço. Antes da competição final, Luvo passou semanas degustando centenas de vinhos, aprendendo a respeito da história de cada um e preparando-se para qualquer eventualidade.

Passo 4 Aceitou críticas sem reclamar e partiu para a ação: Como você se sentiria se estivesse desempenhando bem o seu trabalho e alguém lhe dissesse que seu vocabulário está deixando a desejar? Mais uma vez, Luvo acolheu um comentário negativo e optou por transformá-lo em algo positivo, gastando boa parte de seu tempo livre estudando e tentando expandir seu vocabulário.

Passo 5 Assumiu riscos: Durante a sessão de degustação, enquanto todos seguiam o rebanho dizendo que o vinho era "bom", Luvo decidiu mudar e ouvir o que o coração lhe dizia. Você consegue imaginar um novato, em sua primeira degustação, insinuando ao "especialista" que errou em sua avaliação?

Passo 6 O ambiente que o envolvia era favorável ao ensino e acolhedor: Ele estava cercado de gente disposta a apoiá-lo a alcançar seu objetivo. Estou certo de que isso acelerou sua marcha em direção ao sucesso.

Passo 7 Estava pronto para ser testado: Ao entrar numa competição em que será julgado por pessoas desconhecidas, você assume um enorme risco. Mas os riscos são acompanhados de recompensas.

Existem dezenas de histórias parecidas com a de Luvo. Levei muito tempo lendo tais relatos e sendo inspirado por eles. A história desse rapaz é um exemplo perfeito de boas-vindas ao mundo das oportunidades. Mas, e quando surgem as sombras de dúvida?

As sombras de dúvida

São elas que impedem as pessoas de progredir ou até mesmo de dar o primeiro passo: "Por que devo me importar em estabelecer objetivos para ter um futuro maravilhoso? Eu nunca serei bem-sucedido". Já que não nascemos com essa crença, é bom que você comece a se perguntar a origem desse tipo de pensamento.

Trabalhei com uma professora em uma escola de Glasgow, na Escócia, apresentando um workshop sobre a definição de objetivos para uma de suas salas. Uma das alunas decidira que queria ser comissária de bordo. Ela preparou uma lista fantástica de objetivos – mostrando-se bastante assertiva em relação a eles –, e anexou uma foto sua, em que se vestia com o uniforme de comissária. Ela se sentia animada e motivada.

Mudar para ter um futuro fantástico

A professora olhou para o trabalho da aluna e eu fiquei pasmo com seu comentário: "Esse objetivo é muito interessante, mas acho que você deveria pensar em algo mais realista, uma profissão de que possa depender".

Pimba! De repente, as sombras de dúvida apareceram, me deixando mudo. Terminada a aula, fui falar com a professora e contestei suas ideias. Fiquei ainda mais espantado quando ela disse: "É muito bom ter objetivos, mas e se ela acabar se decepcionando?".

Você não adoraria poder mostrar a essa professora o quanto ela estava equivocada?

Dica de mudança
Não dê qualquer espaço às sombras de dúvida. Considere os comentários negativos feitos por outras pessoas como uma oportunidade para motivá-lo. Esteja determinado a ser bem-sucedido. A única pessoa capaz de decidir quais serão os seus limites é você mesmo!

Você começa a se sentir motivado? Sim? E eu nem sequer lhe pedi para escrever os seus objetivos.

Além de me preocupar com o grande número de pessoas que não têm planos para o futuro, me surpreendo com a quantidade das que, tendo ou não planos, ainda não decidiram o que realmente querem.

É bastante **difícil alcançar um futuro fantástico** quando você não sabe **o que quer**.

Mude!

É possível que a lista abaixo lhe seja útil para fazer circular a energia que impulsiona seus planejamentos futuros.

A criação de ideias no estilo *mude*

Mantenha uma saúde perfeita	Compre um carro novo	Mude-se para uma casa nova
Pague suas dívidas	Aprenda um idioma	Planeje uma viagem de fim de semana
Perca alguns quilos	Encontre um(a) parceiro(a)	Faça a viagem de seus sonhos
Escreva um livro	Aprenda a cozinhar	Corra uma maratona (ou um percurso menor)
Cuide de seu jardim	Compre roupas novas	Passe mais tempo com os amigos
Amplie sua casa	Procure um novo emprego	Abra sua própria empresa
Faça doações a instituições de caridade	Pegue a estrada	Dedique mais tempo a si mesmo
Aprenda a surfar	Pare de fumar	Aprenda a dançar salsa
Liquide sua dívida de financiamento da casa	Aposente-se mais cedo	Procure ter bastante energia
Faça um curso	Leia mais	Tenha em mente o que deseja fazer
Seja mais organizado	Pratique esqui aquático	Desenvolva a autoconfiança
Durma ao ar livre	Simplifique a vida	Saia para jantar nos melhores restaurantes
Viaje num cruzeiro	Faça um trabalho voluntário	Mude-se para o campo

Aqui estão, portanto, 39 sugestões para dar asas à sua imaginação. Eu poderia dar milhares delas, mas acabaria sendo minha própria lista. Chegou o momento de escrever a sua – *sim, chegou o momento*. Mas faça isso no estilo *mude*.

As consequências de não cumprir os objetivos

Em geral, quando se elabora uma lista inicial de objetivos, ela naturalmente inclui os benefícios que eles trazem. Já que você está prestes a *mudar*, gostaria que escrevesse uma frase sobre o que acontecerá se você não alcançar tais objetivos.

Aqui vão alguns exemplos.

Liquidar a dívida do financiamento de minha casa.
Se não fizer isso, ficarei na eterna dependência de um proprietário e jamais terei a sensação de ter minha própria casa.
Ler mais
Sei que a leitura faz de mim uma pessoa melhor, então posso imaginar tudo o que irei perder se não ler.
Parar de fumar
Se não parar, é provável que eu tenha uma morte horrível e dolorosa, que afetará todos os meus amigos e a minha família.

Puxa vida!

Ao imaginar uma **consequência negativa**, você **inventa uma desculpa para motivá-lo** na busca de seu objetivo.

Dica de mudança

Você provavelmente fará mais para evitar a dor do que para obter o prazer.

Assim que tiver usado esse método para dar o primeiro passo na direção da ação, você poderá reescrever essa lista com as descrições positivas de como será seu futuro quando tiver atingido seus objetivos. Usar a capacidade de evitar a dor é uma ótima maneira de começar, mas não se apegue a isso por muito tempo.

Quando falamos de futuro, pode significar algumas poucas semanas ou até mesmo décadas, mas é importante levar esse tempo em conta se você deseja que seus objetivos se concretizem. Afinal, um objetivo não passa de um sonho até que se estabeleça uma data para ele.

E, embora seja óbvio o que vou dizer, não basta apenas estabelecer o objetivo – é preciso que você faça algo, parta para a ação, movimente-se, transforme-o em realidade!

Vamos, então, partir de alguns princípios para podermos passar à fase seguinte da mudança, rumo a um futuro fantástico.

Até agora, você já:

- decidiu o que pretende ter/fazer;
- registrou tudo por escrito (estabeleceu uma data, definindo o momento em que cada um dos objetivos será alcançado);
- considerou o que pode acontecer se não alcançar seus objetivos, a fim de sentir-se motivado;
- começou a agir na direção de seus objetivos;
- reescreveu sua lista com descrições positivas;
- seguiu as regras básicas da definição de objetivos, reavaliando-os

com regularidade e visualizando o momento em que os terá conquistado.

Tudo pronto? Ótimo, bom trabalho! E agora?

Superando os obstáculos

A vida não seria ótima se não tivéssemos obstáculos a superar e problemas a enfrentar? Não, na verdade, não, ela seria chata, chata, realmente chata.

Sua capacidade de superar obstáculos é o fator mais importante para determinar a rapidez do sucesso em conquistar seus objetivos de ter um futuro fantástico. Quanto maior o objetivo, maiores serão os obstáculos.

As pessoas que adotam o estilo *mude* têm uma enorme satisfação quando deparam com obstáculos, pois, uma vez enfrentados, seu conhecimento e experiência se expandem e elas ficam mais perto de seus objetivos. No capítulo "Mudar para alcançar o sucesso", compartilho com meus leitores uma ferramenta chamada "A rocha e a resolução". Ela mostra uma maneira simples de transformar problemas em soluções. Quando se tem a compreensão básica desse modelo, fica fácil entender que os problemas são, na realidade, prêmios.

Você deve ter ouvido falar de um homem chamado Isaac Newton, cuja Terceira Lei afirmava (mais ou menos nesses termos): "Para toda ação, há sempre uma reação oposta e de igual intensidade". Bem, aqui está a "Lei *Mude*", de Michael Heppell.

Para cada negatividade existe uma positividade muito mais poderosa, simplesmente esperando para detonar a negatividade.

Mude!

Dica de mudança
É bom ter problemas – quanto maiores, melhor. Faça-os aparecerem!

Ao aceitar essa verdade, você muda seu modo de pensar, passa a aceitar os desafios e torna-se mais consciente em relação às várias soluções positivas à sua volta.

Há inúmeros exemplos de pessoas que adotaram essa maneira de pensar e conquistaram grandes coisas. Talvez a mais famosa delas seja Nelson Mandela, que, após passar 27 anos na prisão, tirou proveito de seu tempo, suas experiências e suas grandes ideias com o propósito de mudar uma nação inteira.

Eu me pergunto o que você (ou mesmo eu) teria em mente após 27 anos de cárcere. Nelson Mandela já recebeu mais de cem prêmios pelo reconhecimento de seu trabalho, em vida, incluindo o Prêmio Nobel, em 1993. Esse é o estilo *mude*.

Para *mudar* e alcançar um futuro fantástico, você deve estar aberto aos desafios e enxergar além deles. Em geral, eles se parecem com enormes rochedos e é difícil imaginar uma forma de ultrapassá-los. Mas você é capaz de fazer isso. Pode atravessá-los devagar ou rapidamente, a escolha é sua. Mas escolha logo, sabendo que as pessoas que agem em grande escala obtêm resultados também em grande escala – sempre.

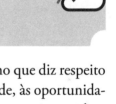

Dica de mudança
Para tudo se tem jeito.

Você merece ter um futuro maravilhoso no que diz respeito ao sucesso, à riqueza, ao reconhecimento, à saúde, às oportunidades, à diversão, ao amor e à alegria. Às vezes essas coisas podem lhe parecer distantes, mas se eu lhe disser que muitas vezes estão mais perto do que você imagina, isso lhe daria mais energia para buscá-las? E digo *realmente* buscá-las! Esse é o momento perfeito para concluir e...

10

Mudar em relação a todos os demais aspectos

A essa altura, você já deve estar um *expert* no estilo *mude* de pensar. Na verdade, você poderia até mesmo acrescentar, aqui, algumas de suas próprias ideias. Mesmo.

Este último capítulo traz uma maneira rápida de abordar todas as ideias que não tiveram espaço nos demais capítulos, alguns pensamentos completamente aleatórios, relatos de pessoas que adotaram esse estilo e um chamado para a ação, de modo que você saia da inércia e faça as coisas acontecerem.

Transformando o que é errado no que é certo

Esta é a lista da gratidão. Um clássico atemporal, que requer o uso do estilo *mude* quando você estiver passando por um daqueles momentos em que "o mundo inteiro está contra você". Sem dúvida, é confortável entregar-se a esse tipo de sentimento, tentando estimular a compaixão alheia. Porém, quando tiver saído desse "transe", pegue uma caneta, um pedaço de papel e reserve cinco minutos de sua atribulada rotina. Escreva então no topo da página: "Todas as coisas pelas quais devo agradecer".

Comece agora sua lista da gratidão. Acrescente a ela tudo o que puder, sejam coisas grandiosas ou pequenas. Aqui vão algumas ideias para começar:

- Estou vivo.
- Tenho comida em casa.
- Minha família me ama.
- Sou capaz de enxergar o mundo.
- O restante de minha vida começa agora.
- Sou capaz de andar.
- Sou livre.
- Tenho um emprego.
- O melhor ainda está por vir.
- Tenho boa saúde.
- Posso sorrir.
- O sol brilhou hoje.
- Sou livre para escolher.
- Acredito no livre-arbítrio.
- Posso escolher quais roupas usar.
- Cabe a mim a capacidade de mudar.
- Sei ler.
- Tenho água limpa em casa.
- Tenho uma cama limpa e confortável.

Quando os itens de sua lista tiverem esgotado, pare um momento e reveja cada um deles. Comece pelas palavras "Devo agradecer porque...". Então, termine a frase com um item da lista e considere o que isso realmente significa em sua vida nesse momento.

É incrível como simplesmente usando o estilo *mude* você é capaz de transformar o desespero em esperança.

A esperança é uma estratégia

Há alguns anos, li um livro intitulado *Hope is not a strategy* [*A esperança não é uma estratégia*], de Rick Page (McGraw-Hill, 2003). Recentemente, numa manhã de domingo, cheguei à conclusão de que ele estava errado – a esperança é uma estratégia, e das boas.

Eu estava na Igreja Metodista de Leadgate ouvindo o reverendo Barrie Lees, um homem brilhante e um de meus principais mentores, falar sobre o santo São Paulo. Ele citou palavras do santo, que teria dito: "Deixe que a esperança encha você de alegria". Não são maravilhosas essas palavras?

Barrie passou a falar sobre os diferentes níveis de esperança: da menor delas – ou seja, espero que não chova, espero conseguir uma vaga para estacionar – à maior – espero que encontrem a cura para essa doença, espero ver um mundo melhor.

A esperança faz as pessoas continuarem.

A esperança vence quando tudo mais tiver falhado.

A esperança é capaz de encher você de alegria.

Que tipos de esperança você tem?

No passado, talvez eu considerasse que não bastava ter esperança, e teria estimulado você a pensar que a única solução possível era partir para a ação, caso quisesse obter algum resultado. Hoje, penso que há espaço para ambas.

Voltando para casa de carro com minha família, compartilhamos uns com os outros as esperanças que alimentamos: "Espero que o exame seja fácil", "Espero conseguir terminar o trabalho no jardim", "Espero me sair bem na avaliação de desempenho na empresa", "Espero estar sendo um bom pai" são algumas das "esperanças" que partilhamos.

No fim da conversa, nos sentíamos melhor. Estávamos, na verdade, cheios de alegria. São Paulo tinha razão. Sem nenhum desmerecimento a Rick Page – pois seus livros *Hope is not a strategy* ("A esperança não é uma estratégia") e *Make winning a habit* ("Acostume-se a vencer") contêm ótimas ideias –, mas acho que o santo o ultrapassou nas listas de *best-sellers*.

Encontrando algo que você perdeu

A prática descrita a seguir poderá ser considerada uma espécie de insanidade, mas conduz o estilo *mude* a um nível completamente diferente. Percebi que, em meu caso, ela funciona.

Já lhe aconteceu de perder um objeto qualquer e entrar em pânico total, tentando imaginar onde o teria deixado? Estou certo de que sim e de que você passou pela experiência de procurá-lo no mesmo lugar repetidas vezes, só por um desespero ingênuo de que ele reaparecesse ali, como num passe de mágica.

Certa vez, perdi um documento muito importante e, de modo desvairado, revirei a casa inteira atrás dele. Uma amiga me sugeriu uma maneira insana de encontrá-lo – insana a ponto de você precisar mudar seu modo de pensar se quiser que a prática funcione.

Ela tirou o colar do pescoço e sugeriu que eu o segurasse na palma de minha mão esquerda. Então, eu tinha de dizer: "Me diga sim, me diga sim, me diga sim" repetidas vezes, até que o colar esboçasse alguma reação. Foi o que aconteceu: ele começou a balançar, pois eu o jogava da esquerda para a direita.

A seguir, ela me pediu para repetir o mesmo procedimento, agora dizendo "Me diga não" repetidas vezes. Dessa vez, o colar balançou para cima e para baixo.

Mudar em relação a todos os demais aspectos

A essa altura, já estava claro para mim o que significavam os dois diferentes movimentos do colar, indicando "sim" e "não". Era tudo uma simples questão de eliminação, até que eu encontrasse o documento. Lembro muito claramente:

O documento está em casa?	Não
Está em meu escritório?	Sim
Está perto de minha escrivaninha?	Sim
Está em cima dela?	Não
Está dentro de uma gaveta da escrivaninha?	Sim
Dentro da primeira gaveta?	Não
Na gaveta do meio?	Sim
Ele está num lugar visível?	Não
Em algum outro lugar, dentro da gaveta?	Sim

Na manhã seguinte, ao entrar no escritório, eu mal conseguia conter a euforia. Cuidadosamente, abri a gaveta do meio, retirei dali uma pilha de papéis e, no meio de uma revista, estava o documento que eu perdera. Imediatamente, me lembrei de que o documento estivera comigo numa viagem de trem que fiz. Eu devo tê-lo colocado no meio da revista que guardei dentro de minha pasta. Então, ao esvaziar a pasta, colocando seu conteúdo dentro da gaveta do meio (uma técnica de administração do tempo para o dia seguinte), o documento "perdido" acabou indo junto.

Racional, meu cérebro diz que isso não passa de *nonsense*: não é possível encontrar objetos perdidos por meio dos sinais dados pela oscilação de um colar. Mas, no momento em que você muda e assume uma postura ainda mais racional, isso passa a fazer sentido totalmente.

O movimento do colar é causado pelos mínimos movimentos que você faz com a mão. Quanto mais você a agita, mais ele se movimenta; quanto mais ele se movimenta, mais você a agita.

Minha memória (brilhante e perfeita do jeito que é) registrou a lembrança do documento ter sido inadvertidamente colocado dentro da revista.

Lembre-se de que sua **memória é perfeita**; a sua capacidade de lembrar é que **pode melhorar**.

O colar apenas funcionou como um elo entre minha memória e meu movimento.

Trata-se de uma técnica meio maluca, mas desafio você a testá-la.

O ás da música

Graham Willis transformou-se num exímio conhecedor de música, e da maneira mais incrível. A fim de compreender isso, você terá de lembrar-se da época dos discos de vinil.

Por volta de 14 ou 15 anos, enquanto todos compravam o último lançamento da banda do momento, Graham resolveu mudar e fazer algo completamente diferente. Sua intenção era dar início a uma coleção de discos eclética, e assim ele fez, em ordem alfabética.

Na primeira semana, portanto, começou comprando um álbum de um artista cujo nome começava com a letra "A"; um músico ou banda com a letra "B" na semana seguinte, e assim por diante. Em apenas dois anos, ele já possuía a coleção de discos mais diversificada que você pode imaginar, demonstrando um gosto musical incrivelmente variado e garantindo lugar em qualquer quiz da tevê sobre cultura pop.

De que modo você é capaz de aplicar o estilo *mude* de Graham a um de seus interesses?

A grande limpeza

Você é do tipo "acumulador"? Tem o hábito de guardar coisas, "para o caso de um dia..."?

O que aconteceria se você *mudasse* e se transformasse numa pessoa do estilo "eliminador"? Isso lhe parece assustador? Ótimo.

Ao livrar-se de coisas velhas, você libera energia, cria espaços tanto no plano material quanto no mental para ajudá-lo a pensar de maneira mais criativa e com maior clareza.

O maior desafio em transformar-se em um "eliminador" é dar o primeiro passo. Uma vez criado, durante anos, o hábito de apegar-se às coisas, simplesmente "para o caso de um dia...", fazer uma limpeza geral pode ser algo um pouco traumático. É por isso que é preciso *mudar* o seu modo de pensar, transformando-o num desafio.

Você é capaz de encher dez sacos de lixo grandes? Ou 20, talvez? Que tal alugar uma caçamba? Foi isso que Anne Holliday fez quando eu a desafiei a fazer uma limpeza geral, ela encheu uma caçamba! Anne me disse: "Assim que ultrapassei o bloqueio mental que me impedia de jogar coisas fora, fiquei obcecada em encher aquela caçamba". Anne também doou sacos cheios de objetos diversos para instituições de caridade e outras voltadas a boas causas. "Aquilo era um objetivo meu, e eu sempre alcanço meus objetivos", disse Anne.

Mude!

Sei bem que você já ouviu relatos de pessoas que descobriram um objeto inestimável no sótão que estiveram prestes a jogar fora anos antes. Mas isso é muito raro. Se você não tem necessidade de um determinado objeto ou não o usa, livre-se dele.

Portanto, já que o assunto é a triagem do que não é mais necessário, como anda o seu guarda-roupa? É bem provável que esteja cheio de roupas que você não usa mais e tampouco pretende usar. Tenho amigos que vão às compras e "não conseguem encontrar nada" para comprar. Será que o inconsciente deles não está lhes dizendo: "Não compre, você tem uma peça igualzinha a essa em casa" ou "Coloque isso de volta onde encontrou, não há mais espaço em casa"? Se você se encaixa nessa descrição, conheça um modo extremamente simples e eficaz de fazer uma triagem em seu guarda-roupa.

Mudar em relação a todos os demais aspectos

Depois de ter usado uma peça qualquer, na hora de guardá-la, coloque-a no lado direito do guarda-roupa. Passado um período de um ou dois meses, faça uma revisão geral nas roupas, começando da extremidade esquerda, e retire dois terços da quantidade total. Esta será a pilha que deverá ser doada a uma instituição de caridade, vendida em brechós, doada a amigos ou simplesmente descartada. Não permita que essas roupas voltem ao guarda-roupa, a menos que haja um motivo muito forte para que você queira guardá-las.

Pense nisso. Você veste 10% de suas roupas em 90% do tempo. Há itens de seu guarda-roupa que você nunca mais usará, e a maior parte do que ele contém está precisando passar por uma revisão geral.

Recentemente eu dava orientações a um casal que queria vender roupas e não sabia o melhor método de fazer isso. Raciocinando por alguns minutos no estilo *mude*, tivemos juntos a ideia de promover um evento comunitário, para o qual eles poderiam trazer os itens que não lhes interessasse mais, doá-los, trocá-los, comprar roupas de outras pessoas, além de passar horas agradáveis com os outros. O melhor de tudo era o slogan do evento: "Venha trocar roupas de seu guarda-roupa e provar outras!".

Dica de mudança
Não deixe roupas guardadas apenas porque podem "voltar a estar na moda". A moda "retrô" demora pelo menos 20 anos para voltar à popularidade Não guarde roupas de tamanho menor por ter a intenção de perder peso. Passe-as adiante, troque ou venda. Você pode comprar outras como uma espécie de recompensa assim que recuperar a forma física.

No volante: mais segurança, menos estresse, mais satisfação

Dirigir é uma atividade frequentemente listada como uma das cinco mais estressantes. Você é capaz de aplicar o estilo *mude* a ela? Imagino que sim. Aqui estão algumas maneiras simples de transformar essa cansativa atividade em algo prazeroso.

- **Registro da quilometragem por litro:** Eu costumava dirigir em velocidade no caminho para o escritório e ficava frustrado quando enfrentava um congestionamento. À medida que o trânsito se tornava mais intenso, eu ficava mais tenso. Uma maneira não muito saudável de dirigir, convenhamos. Foi quando comprei um carro novo que indicava os quilômetros percorridos por litro de combustível. Resolvi então mudar meu estilo de dirigir e estabeleci uma nova meta: "Qual a melhor relação combustível/quilômetro rodado que posso obter em meus deslocamentos?". Ao mudar o estilo de dirigir consegui manter a pressão sanguínea sob controle, minhas despesas com combustível diminuíram e estou certo de que estou dirigindo com mais segurança. Mesmo que seu carro não tenha esse dispositivo, ainda assim você pode fazer esse tipo de controle toda vez que encher o tanque.
- **Gentileza ao volante:** O motorista gentil sabe de fato mudar com estilo. A ideia é adotar a simplicidade. Em vez de ficar irado com os motoristas que dirigem devagar ou em alta velocidade, que bloqueiam o fluxo do trânsito ou entram em sua faixa sem dar seta, simplesmente dê passagem e os estimule a fazer isso (de maneira segura, claro). Numa rotatória, dê passagem a um ou dois motoristas, ceda uma

vaga de estacionamento a alguém. Diga um enorme "obrigado" (a si mesmo) quando um motorista de caminhão estiver bloqueando sua passagem ao dirigir na faixa da esquerda. Faça disso um jogo, mas brinque com segurança.
- **Universidade em quatro rodas:** Se você passar apenas uma hora diária ao volante e, em vez de ouvir música, optar por CDs educativos, motivacionais ou de cursos diversos, no final de um ano você terá ouvido mais de 200 horas de material preparado pelos maiores cérebros do planeta. Isso equivale a um mês inteiro de instrução em tempo integral, com algumas aulas extras à noite. O aprendizado via áudio é uma maneira fantástica de *mudar* e passar da programação de rádio – que muitas vezes é banal – para uma atividade fantástica.

Mude com os números

Quando você adota o estilo *mude* para pensar nos números de diferentes modos, coisas incríveis começam a acontecer. Veja dois desafios simples com os números.

Na próxima vez em que pedir um alimento do cardápio pelo número, escolha pensando na sua data de nascimento. Nasci em 9 de julho de 1967, portanto meu pedido equivaleria aos números 9, 7 e 67. Para tornar mais desafiador, tente fazer o pedido dessa maneira sem sequer olhar o cardápio e veja o que acontece!

Se você deseja ver alguma alteração no que se refere aos horóscopos, então *mude* e descubra quais são os seus números no "Ki das Nove Estrelas". Trata-se de um antigo sistema japonês que parte de sua data de nascimento para determinar o seu tipo de personalidade e comportamento. Um de meus números é o 6; você tem ideia do que eles falam a respeito das pessoas que são 6?

> **Dica de mudança com um toque de ironia**
> Você já reparou no design precário e no layout descuidado da maioria dos websites de quem pratica o feng shui?

Usando o estilo *mude*
Pedi a alguns membros de minha comunidade on-line (www.michaelheppell.com) que me dessem alguns exemplos de como eles usam o estilo *mude* de pensar. Seguem algumas respostas.

Uma mente fértil
Para mim, o "sistema estrume de cavalo" funciona da seguinte forma.

Estrume de cavalo – para a maioria das pessoas isso não passa de um monte de lixo inútil, mas para um jardineiro é um material rico em nutrientes, além de ser fonte de crescimento e de novas formas de vida. Portanto, da próxima vez em que você deparar com um monte de excrementos...

Saudações,
Joe Osman

Vizinhos que mudam
Toda sexta-feira à noite um de meus vizinhos costumava bater à minha porta e começava um falatório sobre a semana que tinha tido. O discurso era basicamente sobre seus problemas e preocupações, e ele sempre mostrava o quanto estava deprimido e tudo o que havia de errado com o mundo.

Certo dia, resolvi *mudar* esse modo de pensar. No mesmo instante em que ele começou a relatar como passara a semana, eu o interrompi e lhe perguntei: "Como é que você faz isso?".

"Como faço o quê?", rebateu ele.

"Semana após semana, você se coloca nesse estado deplorável. Voltando para casa você pensa na pessoa para quem reclamará da vida e então escolhe a mim?"

Imediatamente ele refletiu e confessou que ninguém jamais lhe tinha feito uma pergunta semelhante. O melhor de tudo é que minha pergunta causou uma grande surpresa e instantaneamente ele passou a ser uma pessoa mais agradável.

Steve Twynham

Um emprego, nada mais que isso
Há três anos, quando fui demitido, fiquei bastante preocupado. Reagi como de costume, retomei a busca por trabalho, seguindo o caminho tradicional de caça ao emprego. De repente, me ocorreu que a demissão era uma excelente oportunidade de abrir meu próprio negócio... na área de seleção de profissionais! De um momento para o outro, minha demissão se transformou numa coisa boa, funcionando como a fagulha que acendeu o desejo de ir à luta para conquistar coisas maiores.

Saudações,
Adam Butler

Capítulo final (ou inicial, caso você já tenha *mudado*)

Agradeço por você ter comprado e lido

Mude! O que teve início com uma simples frase que usei quando dava assessoria a clientes transformou-se em um livro esplêndido (eu estava prestes a usar termos que revelam toda a minha modéstia, mas resolvi *mudar* e me orgulhar de meu trabalho).

Antes de nos despedirmos, gostaria de compartilhar só mais uma história. Preste muita atenção, pois haverá um teste no final.

Tenho um amigo maravilhoso, chamado Malcolm Kyle. Ele é uma das pessoas mais positivas e pró-ativas que já encontrei. Diariamente me envia um e-mail com uma história, uma nova ideia ou uma citação. Há bem pouco tempo, ele me encaminhou um relato que gerou certa dose de controvérsia na residência dos Heppell. Acompanhe.

> Era uma vez uma garota cega que se odiava por causa de sua deficiência visual. Ela odiava a todos, com exceção de seu namorado. Ele estava sempre ao seu lado.
>
> Ela disse ao namorado: "Se eu pudesse enxergar, me casaria com você".

Mude!

Certo dia, alguém fez doação de córnea a ela. Semanas mais tarde, quando já podia retirar os curativos, foi capaz de enxergar tudo perfeitamente, incluindo o namorado.

Ele perguntou à garota: "Agora que você consegue enxergar, quer se casar comigo?". Ela olhou para o namorado e percebeu que ele era cego. Ficou chocada. Não estava esperando aquilo e só de pensar que teria de olhar para aqueles olhos pelo resto de sua vida, recusou a proposta de casamento.

Seu namorado foi embora com o coração partido. Poucos dias depois ela recebeu um bilhete dele que dizia: "Cuide muito bem de seus olhos, minha querida, pois antes de eles serem seus, eles eram meus".

Quando li a história, perdi o fôlego. Em seguida, a reação óbvia: "Isso não é verdade. Ou é?". A seguir, o momento *mude*... Um a um, todos em minha casa compreenderam e apresentaram a mesma solução, no estilo *mude*. Uma solução que poderia ter resolvido o dilema de ambos anos antes. Consegue imaginar qual é? Em caso positivo, parabéns, você é uma pessoa altamente qualificada para adotar o estilo *mude*.

Você pode comemorar agora e também receber os seus prêmios. Simplesmente me envie um e-mail com a sua solução e, como recompensa, eu lhe enviarei dez ideias do estilo *mude* como bônus (duas delas eram demasiadamente excêntricas para serem incluídas neste livro). Mais detalhes na próxima página. Caso você ainda esteja imaginando qual foi a solução encontrada, me envie um e-mail e eu a partilharei com você.

Observação final
Este livro apresenta mais de cem ideias para usar o estilo *mude* e tirar o máximo proveito de todas as situações. Creio, porém, que elas são apenas a ponta do iceberg. Existem milhares de ideias e modos de adotar esse estilo que não foram mencionados nestas páginas, e ainda milhares de outros que eu desconheço – mas que você conhece. Talvez você queira compartilhar suas ideias conosco, e então eu poderei usá-las (com a sua devida permissão) em futuras edições do livro, ou em nosso website.

Para o envio de ideias e sugestões, nosso endereço é: flipit@michaelheppell.com.

Partindo para a ação!
Agora que você sabe como *mudar*, é hora de partir para a ação. Vamos lá, teste-se! Faça o estilo *mude* passar a fazer parte de seus hábitos e comportamentos diários. Você obterá resultados incríveis, mas é preciso ir além do simples conhecimento e passar para a prática.

A parte mais difícil de escrever um livro é saber como terminá-lo. Deve ser de um modo dramático? Ou comovente? De uma maneira misteriosa, talvez? Conheci autores que levaram dias para encontrar o modo mais adequado de encerrar os seus livros. Não é o meu caso. Não é necessário ter um final grandioso quando tudo o que havia para dizer foi dito. Portanto, resolvi mudar e acabar simplesmente assim.

Dez ideias *gratuitas* do estilo *mude*

Você poderá receber dez ideias do estilo *mude* ao inscrever-se gratuitamente no "Programa de Apoio de Michael Heppell". Com elas, você também receberá o programa *90 Days of Brilliance*, um programa motivacional de treinamento para ajudá-lo em seu próprio desenvolvimento pessoal.

Acesse o site www.michaelheppell.com e inscreva-se nesse programa. No momento em que se inscrever, deixe registrada a sua opinião sobre este livro e os funcionários da Michael Heppell Ltd lhe enviarão:

- dez ideias adicionais do estilo *mude*
- *90 Days of Brilliance*, um programa semanal contendo material de áudio, vídeo e artigos especiais
- um boletim regular de informações, o *Michael Heppell Newsletter*
- promoções especiais para os eventos de que Michael Heppell participa ao vivo
- uma oportunidade adicional de participar de videoconferências em tempo real, ter acesso ao banco de dados de Michael Heppell e ser informado, em primeira mão, sobre eventos ao vivo e seminários

Informações para contato

Michael Heppell Ltd

Tel: 08456 733 336 (chamadas a partir do Reino Unido); + 44 1434 688 555 (chamadas internacionais)

Website: www.michaelheppell.com

E-mail: info@michaelheppell.com

Para obter informações relacionadas à televisão e à mídia, contate:

Michael Foster, da empresa MF Management, Londres

Tel: 0203 291 2929 (chamadas a partir do Reino Unido); + 44 203 291 2929 (chamadas internacionais)

E-mail: mfmall@mfmanagement.com

Agradecimentos

Muitos autores têm grande dificuldade em escrever esta parte do livro. Quanto a mim, considero a grafia da palavra "agradecimentos" a parte mais difícil. Tudo o que me resta a fazer agora é relacionar as pessoas que possibilitaram a realização deste livro. Tendo um grande cuidado, porém, para não deixar de mencionar ninguém, para não confundir uma pessoa com outra, tampouco fazer desta seção algo entediante para você, leitor, a pessoa mais importante a quem devo agradecer! Portanto, começarei por você, a pessoa mais especial desta seção, já que sem você eu não teria nenhum motivo para escrever *Mude!* Obrigado, caro leitor! O sonho de um autor é ver seu livro publicado e seu pesadelo é que ninguém o leia. Obrigado por ler *Mude!* e ter dado continuidade ao meu sonho. Posso prosseguir agora.

Na sequência, o agradecimento vai para minha maravilhosa esposa, Christine. Revelo aqui um pequeno segredo. Christine é coautora de meus livros, administra os meus negócios e cuida de minhas apresentações ao vivo (incluindo a parte de áudio e efeitos visuais). Ela é responsável pela redação de textos nos cursos que dou, sugere as melhores ideias, consegue cuidar – sem grande esforço – de todos os aspectos importantes da vida familiar, sem contar que sua aparência é tão incrível hoje quanto no dia em que a conheci. Ela faz todas essas coisas, e eu é que recebo os créditos. Christine, peço desculpas por isso. Obrigado por tudo que você tem feito. Mas será que podemos manter as coisas do jeito que estão?

Sou profundamente orgulhoso de meu filho Michael, que trabalha arduamente, aplica nossos métodos em sua vida pessoal e está sempre ao nosso lado quando precisamos.

Minha filha Sarah é quem me inspira, me faz rir muito e me mantém em estado de alerta em relação ao meu objetivo: ser um pai excelente.

Tenho grande sorte de ter a Pearson, a maior editora do mundo, como minha rede de contatos com os demais países. Minha editora e amiga, Rachael Stock, empenhou-se ao máximo para a realização deste livro. Sua disposição de trabalhar durante a licença-maternidade transcende em muito o mero senso de responsabilidade. Obrigado por ter acreditado neste livro desde o primeiro momento.

Deixo um agradecimento especial à minha nova editora, Elie Williams, que assumiu o trabalho, acrescentou toques mágicos, inovadores e excelentes, lapidando *Mude!* até que ele adquirisse o formato que você tem em mãos.

Agradeço também ao excelente trabalho realizado pela equipe de marketing e vendas da Pearson. A publicação de um livro é a parte mais fácil do processo; certificar-se de que ele seja distribuído em todas as livrarias e que seja vendido é algo completamente diferente. Vocês são os melhores do mercado nesse aspecto.

As ilustrações de *Mude!* são uma criação do fantástico Steve Burke, do The Design Group, em Newcastle.

A fotografia na orelha da contracapa é de autoria de Susan Bradley.

Agradecimentos

Minha equipe pessoal é incrível. Vanessa Thompson, Ruth Thomson, Laura Scott, Alastair Walker e Sheila Storey fazem com que tudo pareça mais fácil, melhor e mais divertido. Obrigado pelo seu trabalho, criatividade e paciência.

Contamos com o apoio de algumas empresas fantásticas, que tornam nossa vida muito mais fácil e prazerosa. Menciono algumas delas. A rede de hotéis Red Carnation nos acolhe com seu brilhante estilo "sinta-se em casa longe de casa". A Datawright Computer Services e a Tricycle Media nos dão um suporte de primeira linha em TI e internet. A empresa Taxi Mark nos conduz por todos os lugares. Meu obrigado a todos vocês.

Em um momento como este, eu poderia relacionar centenas de pessoas que tornam a minha vida melhor. Mas, mantendo um espírito de concisão, simplesmente lhe direi que você sabe a pessoa que é.

Obrigado.

Empresas e websites mencionados em *Mude!*

Michael Heppell Ltd	www.michaelheppell.com
Pearson Education	www.pearsoned.co.uk
The Milestone Hotel	www.milestone.hotel.com
Dra. Fiona Ellis	www.hrwc.co.uk
Paul Mort	www.precisionfitness.co.uk
The Twelve Apostles	www.12apostleshotel.com
Richard Nugent	www.successinfootball.com
Summer Lodge	www.summerlodgehotel.co.uk
Smyth & Gibson Shirts	www.smythandgibson.com
Lifephorce	www.lifephorce.co.uk
Tim Price	www.executel.co.uk
The Design Group	www.tdgbrand.com
Malcolm Kyle	www.moso.ltd.uk

Outros Lançamentos Da Integrare Editora

Use Sua Mente
Como desenvolver o poder do seu cérebro

Autor: Tony Busan
ISBN: 978-85-99362-63-1
Número de páginas: 216
Formato: 16 x 23 cm

CONHEÇA AS NOSSAS MÍDIAS

www.twitter.com/integrare_edit
www.integrareeditora.com.br/blog
www.facebook.com/integrare

www.integrareeditora.com.br